SMARTPHONE-BETRIEBSSYSTEM

Books LLC®, Wiki Series, Memphis, USA, 2011. www.booksllc.net
Copyright: http://creativecommons.org/licenses/by-sa/3.0/deed.de

Inhaltsverzeichnis

Mobile Linux
Access Linux Platform 1
Chumby 1
CyanogenMod 2
Dalvik Virtual Machine 4
LiMo Foundation 4
Linux Phone Standards Forum 5
Maemo 5
MeeGo 5
Mobile internet device 6
Mobilinux 7
Moblin 7
Nokia Internet Tablet 8
Openmoko 10

Palm OS
Access (Unternehmen) 12
HP Palm 12
Handspring 17
NVFS 18
PalmSource 19
Palm Desktop 19
Palm OS 20
Palm Pilot 23
Palm Treo 23
PocketC 26
PocketStudio 27

Smartphone-Betriebssystem
Android (Betriebssystem) 27

Apple iOS 30
Bada (Betriebssystem) 32
BlackBerry OS 33
HP webOS 33
Microsoft Windows Mobile 34
Nokia OS 38
S60 38
Symbian-Plattform 39
Windows Phone 7 42

Windows Phone 7
HTC 7 Mozart 44
HTC 7 Trophy 44
HTC HD7 44
Samsung Omnia 7 47

Access Linux Platform

Die **Access Linux Platform** (*ALP*), ist ein auf Linux basierendes Betriebssystem für PDAs. Es wird als Nachfolger von Palm OS von Access, in Tokyo, Japan entwickelt und vertrieben.

Geschichte

Die Access Linux Platform wurde im Februar 2006 angekündigt. Die erste Version der Plattform und das Software Development Kit wurden im Februar 2007 veröffentlicht.

ALP ist mit verschiedenen Geräten vorgeführt worden. Mitte 2009 soll das erste Smartphone, das Edelweiss-Gerät von Emblaze Mobile auf den Markt kommen. Ebenfalls noch 2009 soll das Monolith-Smartphone erscheinen, das von Sharp in Zusammenarbeit mit Emblaze Mobile und 7 weiteren Partnern entwickelt wird.

Im November 2009 wurde das erste marktreife Gerät, das First Else, der Öffentlichkeit vorgestellt.

Funktionsumfang

Auf PDAs mit Access Linux Platform können Javaprogramme, Palm-OS-Programme, und auf GTK+ basierende Linux-Anwendungen ausgeführt werden. Die ALP ist kompatibel zu LiMo.
Von „http://de.wikipedia.org/wiki/Access_Linux_Platform"

Chumby

Ein Chumby beim Download von Software

Der **Chumby** ist ein Unterhaltungselektronikgerät, das von *Chumby Industries, Inc.* hergestellt wird . Er ist ein embedded Computer mit Internet- und LAN-Zugriff über eine WLAN-Verbindung oder einen USB-LAN-Adapter. Über die Netzverbindung kann der Chumby verschiedene Software-Widgets auf Basis von Adobe Flash beziehen.

Angeboten wird der Chumby als Internet Radiowecker. In der Standardkonfiguration bietet er neben der Uhrzeit und einer Weckfunktion auch einen aktuellen Wetterbericht, ein Internet-Radio, Allgemeine Nachrichten, Börsenkurse sowie Nachrichten von Freunden. Durch die freie Verfügbarkeit der Dokumentation und der Software-Quelltexte lässt er sich jedoch umfangreich auf die persönlichen Bedürfnisse anpassen; zahlreiche Widgets stehen bereits kostenlos zum Download zur Verfügung. Der klassische Chumby wird ausschließlich über ein Steckernetzteil versorgt, während der neuere Chumby One zusätzlich über ein Fach für eine Li-Ion-

Batterie der Bauart NP-120 verfügt.

Eigenschaften

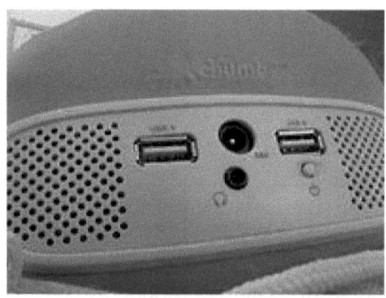

Nahansicht der Rückseite des Original Chumby mit Lautsprechern, 2 USB-Anschlüssen, Kopfhörerbuchse, Einschaltknopf und Stromanschluss

Hardware

Das Layout der Leiterplatte des Chumby ist unter der Open Hardware *Chumby HDK*-Lizenz verfügbar. Durch die frei verfügbaren Hardwarespezifikationen gibt es bereits verschiedene Anleitungen für Hardwareerweiterungen,,.

Der Chumby hat folgende Ausstattungsmerkmale:
- Original-Chumby
  - 350 MHz ARM9-based Freescale i.MX21 Controller
  - 64 MB SDRAM
  - 64 MB NAND flash ROM
  - 320×240 3.5 Zoll Touchscreen TFT LCD mit 12 Frames p/s
  - Stereo 2W-Lautsprecher, ein Audioausgang, integriertes Microphone
  - zwei USB 2.0-Anschlüsse
  - integriertes WLAN
  - Biegesensor für Nutzerinterfacefeatures
  - Beschleunigungssensor.
- Chumby One
  - 454 MHz ARM-Prozessor
  - 64 MB DDR SDRAM
  - 2 GB interne microSD-Karte
  - 3.5" LCD Farb-Touchscreen
  - 2W-Monolautsprecher
  - integrierter WLAN-Adapter (802.11 b/g)
  - FM-Radiotuner
  - aufladbarer Lithiumion Akku (nicht enthalten); für ca 1h Laufzeit voll geladen
  - 1 USB 2.0 High-Speed Port
  - Stereokopfhörerausgang
  - Lautstärkeregler
  - Beschleunigungssensor
  - ABS-Plastikgehäuse
  - USB-Ethernet-kompatibel
  - dimmbares Hintergrundlicht
  - ca 11x9x9 cm (B/H/T)

Software

Als Betriebssystem kommt das quelloffene Linux zum Einsatz. Zusammen mit der embedded Version des Adobe Flash Players sind einige Widgets vorinstalliert. Die Widgets unterstützen auch die Ansteuerung der zugrundeliegenden Hardware, und bieten so beispielsweise die Möglichkeit, ein zeitgesteuertes Einschalten des Gerätes oder eine Steuerung der Software über die Beschleunigungs- und Biegesensoren im Gehäuse zu programmieren. Die Software wird unter Einsatz eines Bittorrent-Clients automatisch aktualisiert.

Zur Erstellung eigener Flash-Widgets steht unter Linux die Open Source-Entwicklungsumgebung *Ming* zur Verfügung, unter Windows bietet sich die ebenfalls als Open Source verfügbare Software *FlashDevelop* an.

Von „http://de.wikipedia.org/wiki/Chumby"

CyanogenMod

Der **CyanogenMod** (**CM**) ist eine Aftermarket-Firmware-Distribution für eine Reihe von Mobiltelefonmodellen. Es ist ein Abkömmling des von der Open Handset Alliance entwickelten freien Mobiltelephon-Betriebssystems *Android*, der von der Android-Gemeinde erstellt wurde und gepflegt wird, namentlich vor allem vom namensgebenden Schöpfer *Cyanogen* (Steve Kondik). Der CyanogenMod bietet für die unterstützten Geräte gegenüber den mitgelieferten Firmwares zusätzliche Funktionen und behauptetermaßen Verbesserungen der Leistung und Stabilität. Es ist mit hunderttausenden Nutzern die beliebteste angepasste bzw. Community-basierte Android-Distribution.

Merkmale

Unter den zusätzlichen Merkmalen findet sich Unterstützung für den Free Lossless Audio Codec (FLAC), Multi-Touch, die Möglichkeit zur Speicherung und Ausführung heruntergeladener Anwendungen von der microSD-Karte, Datenkomprimierung für den Cache (compcache), eine große APN-Liste, ein Neustartmenü, Unterstützung für WLAN, Bluetooth und USB-Tethering. CyanogenMod war auch das erste Betriebssystem für Mobilgeräte, das für die Prozessverwaltung den Brain Fuck Scheduler (BFS) einsetzt – eine Änderung, die in experimentelle Zweige des offiziellen Android-Codebaums übernommen wurde.

Ausgereift ist die Version für Motorola Milestone von doshaska.

Auch Versionen für das HTC LEO (auch HTC HD2) sind verfügbar. Zum Beispiel HD2One von Kouno.Takaaki oder die CM+ Everyday Builds von Michiprima. Mit Version 6.1.0 steht Unterstützung für das Acer Liquid A1 in Aussicht.

Entwicklung

Kurz nach der Einführung des Mobiltelefonmodells *HTC Dream* im September 2008 wurde eine Methode gefunden, um allumfassenden administrativen Zugriff auf das Linux-Subsystem von Android zu erlangen; in der Android-Gemeinde bekannt als „Rooten". Diese Entdeckung erlaubte zusammen mit der quelloffenen Natur des Betriebssystems *Android* das beliebige Ändern und Neuinstallieren der Firmware des Gerätes. Diese Modifikationen sind bei manchen Geräten wie dem Android Dev Phone und dem Nexus One unnötig, die dafür vorgesehen sind, die

Entwicklung zu unterstützen und Modifikationen durch Benutzer nicht zu behindern.

Die Firmware *CyanogenMod* basiert derzeit auf Android 2.3 und enthält eine bedeutende Menge eigenen Codes vom CyanogenMod-Team. Die Anpassungen des CyanogenMod gegenüber Android sind hauptsächlich von Steve Kondik geschrieben, enthalten jedoch zunehmend auch Beiträge von der xda-developers-Gemeinschaft (wie ein verbessertes Anwendungsstarterfeld, Wählvorrichtung und Browser) und auch anderen Quellen (wie BusyBox in der Shell).

Kondik ist auch der Pfleger eines in Verbindung mit dem CyanogenMod verwendeten „Recovery-Images". Der Recovery-Mode ist ein spezieller Bootmodus, der dem Sichern oder Wiederherstellen des Festspeicherinhaltes des Gerätes und der Reparatur oder Aktualisierung der Firmware dient. Cyanogens Recovery-Mode ist Bestandteil der „Ein-Klick-Root"-Methode zum Rooten der Mehrheit derzeit erhältlicher Android-Geräte.

Eine Anwendung namens CyanogenMod Updater ermöglicht CyanogenMod-Nutzern das Empfangen von Mitteilungen über die Verfügbarkeit neuer Aktualisierungen sowie das Herunterladen und Installieren dieser auf das eigene Gerät. Sie ist über den Android Market verfügbar. Sie wurde erstellt und wird gewartet und betreut von den xda-developers-Mitgliedern *Garok89* (Ross McAusland) und *Firefart* (Christian Mehlmauer) und basiert auf dem JF-Aktualisierer von Sergi Velez.

Nexus One und zukünftige Entwicklung

Kondik hat von CyanogenMod eine Reihe von Versionen der Nummern 6. x mit dem Codenamen „Makin' Bakon" für das Nexus One veröffentlicht. Unter den Merkmalen der Nexus-One-Version sind ein neuer Kernel, High-Memory-Unterstützung für erweiterten Speicher, Tethering (auch über USB), die Ausführung von Anwendungen von SD-Karte, OpenVPN-Integration, ein sauberes System zum Starten und Herunterfahren, BusyBox, FLAC-Unterstützung, phone and contacts enhancements, Optimierungen an Oberfläche und Graphik, neue live-Hintergrundbilder, 360° auto-orientation, full color trackball notifications und mehr.

Steve Kondik hat CyanogenMod 6 für die HTC-Geräte *Nexus One, Dream (T-Mobile G1), Magic, Desire, Evo 4G, Espresso* und *Hero,* sowie für das Motorola *Droid* veröffentlicht, welcher auf Android 2.2 (Codename „Froyo") basiert. Eine Release-Candidate-Version von CyanogenMod 6 wurde am 11. Juli 2010 verfügbar und die stabile Version folgte am 28. August 2010.

Anfang 2011 wurde die Entwicklung von CyanogenMod in der Version 7 mit Android 2.3.2 (Codename „Gingerbread") fortgesetzt. Die ersten Release-Candidate-Versionen sind seit dem 16. Februar 2011 verfügbar. Im Juni 2011 wurde CyanogenMod auf die Version 7. 1 mit Android 2.3.4 upgedatet.

Lizenzierungskontroverse

Ende September 2009 schickte Googles Rechtsabteilung dem Hauptentwickler des CyanogenMods Steve Kondik eine Abmahnung. Dieser Akt wurde weithin als eine Kampfansage an die Freie-Software-Gemeinde angesehen, der Google behauptetermaßen so nahe steht und auch Googles Android-Entwickler waren unglücklich damit. Das rechtliche Problem bestand allerdings im Einbau geschützter proprietärer Anwendungen von Google in den CyanogenMod-Gesamtpaketen.

Bis Version 4.1.11.1 enthielt der CyanogenMod einige unfreie Anwendungen von Google wie Gmail, Maps, Market, Talk und YouTube sowie einige proprietäre Hardware-Treiber. Diese Pakete waren in den Verkaufsversionen von Android enthalten, jedoch nicht für die freie Weiterverteilung lizenziert. Nach dem Eintreffen der Abmahnung gegen die Verbreitung der genannten Anwendungen, kam die Entwicklung ein paar Tage zum Erliegen. Die Abmahnung führte zu einer starken öffentlichen Beschäftigung mit der Frage, wie stark der Betrieb oder die Funktionalität von Android von proprietären Bestandteilen abhängt. Die fraglichen Anwendungen werden von vielen Benutzern leicht unbedarft als integraler Bestandteil des Systems wahrgenommen. Die Reaktion vieler CyanogenMod-Nutzer war feindselig gegenüber Google, wobei manche behaupteten, dass die rechtliche Drohungen Google selber schaden und dem vertretenen Firmenmotto „Don't be evil" („Tu nichts böses") widersprechen.

Dieser Akt rief umfangreiche Presseberichterstattung hervor, unter anderem in großen Organen einschließlich PC World, The Register, The Inquirer, Ars Technica, The H, ZDNet, Gigaom und eWeek.

Nach einer erläuternden Äußerung von Google zu seiner Position und einer folgenden Verhandlung zwischen Google und Cyanogen, wurde eine Lösung für den Fortbestand des CyanogenMod-Projektes erreicht, allerdings in einer Form, die keine proprietären Bestandteile (des „Google-Erlebnisses") enthält. Es wurde weiterhin festgestellt, dass Nutzer ihre bei einem „Google-Experience"-Gerät mitgekauften, lizenzierten Kopien proprietärer Google-Anwendungen ohne Copyright-Verletzung aus der mitgelieferten Firmware eines Gerätes sichern und nachher in eine CyanogenMod-Installation einbinden dürfen, was nun zukünftig ein beim CyanogenMod mitgeliefertes Programm automatisieren soll. Anlässlich der Kontroverse beschlossen allerdings einige Android-Entwickler, quelloffenen Ersatz für die Google-Anwendungen zu schaffen. Eine weitere Gruppe Entwickler fand sich mit dem selben Ziel zur Open Android Alliance zusammen.

Kondik warnte weiterhin, dass neben den behobenen Problemen weiterhin potenzielle Lizenzprobleme mit proprietären, unfreien Gerätetreibern bestünden. Er erneuert jedoch den Quellcode-Baum und glaubt, dass die Treiber-Lizenzprobleme lösbar seien. Er erhält auch Hilfe von Google-Angestellten.

Von „http://de.wikipedia.org/wiki/CyanogenMod"

Dalvik Virtual Machine

Dalvik Virtual Machine (abgekürzt *Dalvik VM* oder *DVM*) ist eine für mobile Geräte entwickelte virtuelle Registermaschine und ein Hauptbestandteil der Android-Plattform von Google. Sie wurde unter der Apache-Lizenz 2.0 veröffentlicht.

Dalvik führt Software, die für eine Java Virtual Machine (JVM) übersetzt wurde, nach entsprechender Konvertierung in seinem eigenen Bytecode-Format aus. Die DVM wurde so entworfen, dass sie Registermaschinencode moderner Prozessoren (z.B. ARM-Mikroprozessoren) verarbeiten kann und daher ressourcenschonend und schnell ist. Hierdurch lassen sich mehrere verschiedene Instanzen gleichzeitig auf einem Gerät betreiben, ohne die Effizienz zu beeinträchtigen. Dies ist notwendig, da Android für jedes Programm bzw. Prozess eine eigene Dalvik-VM erzeugt. Diese Registermaschine ist der wesentlichste Unterschied zur JVM, die auf einem Kellerautomaten basiert.

Ein bedeutsamer Teil der Android-Entwicklungsumgebung (SDK) ist das Programm *dx*, das die Konvertierung herkömmlicher Java-Binärdateien (.class-) in das Dalvik Executable-Format (.dex) bewerkstelligt. Dabei werden mehrere .class-Dateien zu einer .dex-Datei zusammengefasst und einige Optimierungen bezüglich des Speicherbedarfs vorgenommen.

Entwickelt wurde Dalvik vom Google-Mitarbeiter Dan Bornstein. Er benannte sie nach der isländischen Stadt Dalvík, in der einige seiner Vorfahren lebten.

Rechtsstreit

Oracle, das Anfang 2010 mit der Übernahme von Sun Microsystems auch Java übernahm, beschuldigt Google mit der Dalvik VM Patente und Urheberrechte von Java verletzt zu haben. Oracle hat am 12. August 2010 Klage gegen Google eingereicht.
Von „http://de.wikipedia.org/wiki/Dalvik_Virtual_Machine"

LiMo Foundation

Die **LiMo** (**Linux Mobile**) **Foundation** ist eine Allianz, die von Motorola, NEC, NTT DoCoMo, Panasonic Mobile Communications, Samsung Electronics und Vodafone im Januar 2007 gegründet wurde. Seitdem sind einige weitere Mitglieder (u. a. die Mozilla Foundation) der Allianz beigetreten. Ziel der nicht gewinnorientierten Organisation, ist u. a. die LiMo-Platform, ein Linux-basiertes Betriebssystem für Mobiltelefone, zu unterstützen.

Geschichte

Im 15. Juni 2006 kündigten Motorola, NEC, NTT DoCoMo, Panasonic Mobile Communications, Samsung Electronics und Vodafone die Gründung einer Organisation für Linux auf Mobilgeräten an, im Januar 2007 wurde diese gegründet. Im August 2007 kamen Aplix, Celunite, LG Electronics, McAfee und Wind River als Kernmitglieder hinzu sowie weitere Mitglieder. Bis Mitte 2008 kamen Trolltech, Acrodea, ETRI, Huawei, Purple Labs, Infineon Technologies, Kvaleberg AS, Mozilla Corporation, Red Bend Software, Sagem Mobiles, SFR, SK Telecom und Verizon Wireless hinzu. 2008 wurde das LiPS-Forum samt allen Mitgliedern in die LiMo-Foundation übernommen. Damit stieg die Zahl der Mitglieder auf über 50, u. a. mit der Mitgliedschaft von Cellon, Esmertec, Freescale, Longcheer, MIZI Research, Movial, PacketVideo (PV), SK Innoace, Telecom Italia, VirtualLogix und ZTE. Beide Unternehmen erhoffen sich davon einen größeren Marktanteil am stark wachsenden und umkämpften Mobilfunkmarkt. Im Februar 2009 ist die Opera Software ASA der LiMo-Foundation beigetreten. Ziel ist es, mit dem entwickelten Browser Opera vollständige Kompatibilität mit mobilen Plattformen sicherzustellen, Entwicklungen vereinfachen und schneller marktfähig zu machen.

LiMo-Plattform

Mit der LiMo-Plattform soll ein modular aufgebautes, hardwareunabhängiges Handybetriebssystem gefördert werden, dessen Quellcode teilweise offen liegt. Der *Common Code Pool* ist nur für Mitglieder, die fünf- bis sechsstellige Beträge zahlen, kostenfrei zugänglich. Die LiMo-Plattform unterstützt seit Version R1 C und C++ für native Entwicklung. Mit R2 soll ein Internet Framework eingeführt werden, um Programme in HTML, CSS und JavaScript auszuführen. Außerdem sollen Multimediafunktionen, ortsbasierende Dienste sowie eine verbesserte Sicherheit implementiert werden. Ein SDK, basierend auf Eclipse, sollte laut Herstellerangaben seit dem 4. Quartal 2008 zur Verfügung stehen.

Mitglieder

Gründungsmitglieder

- NEC
- NTT DoCoMo
- Orange
- Panasonic
- Samsung
- Vodafone
- (Motorola: Motorola hat kurz nach der Gründung seinen Status gewechselt und ist nun nur noch "assoziiertes Mitglied")

Kernmitglieder

- Access Co.
- Aplix
- Azingo
- LG Electronics
- McAfee
- Purple Labs
- SK Telecom
- Texas Instruments
- Verizon Wireless

- Wind River Systems

Von „http://de.wikipedia.org/wiki/LiMo_Foundation"

Linux Phone Standards Forum

Das **Linux Phone Standards Forum (LiPS)** ist ein im November 2005 gegründetes Konsortium zur Schaffung eines offenen Standards für eine einheitliche Linux-Implementierung für Mobiltelefone als Alternative zu Microsofts Windows CE Plattform. Auch andere proprietäre Herstellersysteme sollen abgelöst werden. Derzeit sind Linux-Plattformen meist nur auf der für jeweilige Version angepassten Hardware einzelner Hersteller lauffähig. Die Standardisierung betrifft daher sowohl Hardware als auch Softwareprodukte. Dabei sollen die Standards der Open Mobile Terminal Platform (OMTP) berücksichtigt werden.

Gründungsmitglieder sind unter anderem ARM, France Télécom, Orange, Montavista Software, Open-Plug und PalmSource. Im November 2006 sind ZTE, Telecom Italia und Texas Instruments beigetreten.

Im Dezember 2007 wurde mit dem Linux Phone Standards 1.0 das erste LiPS Release vorgestellt.

Die konkurrierende LiMo Foundation (unter anderem Motorola, NEC, NTT DoCoMo, Panasonic, Samsung und Vodafone) will einen Industriestandard schaffen, der nicht nur für Mobiltelefone, sondern für alle kompakten mobilen Endgeräte geeignet ist. Dieser ist jedoch zu weiten Teilen kein offener Standard. Im Juni 2008 schlossen LiPS und die LiMo-Foundation eine Kooperation. LiPS wurde komplett in die LiMo Foundation eingegliedert.

Von „http://de.wikipedia.org/wiki/Linux_Phone_Standards_Forum"

Maemo

Maemo ist ein Betriebssystem für mobile Endgeräte und eine Entwicklungs-Plattform, um Applikationen für die Nokia Internet Tablets und andere maemo-konforme Handhelds zu programmieren. Die offene Plattform, die von der Firma Nokia initiiert wurde, besteht zum großen Teil aus angepasster freier Software, die sie mit vielen Linux-Distributionen gemein hat. Maemo ist als Alternative gedacht zu Palm OS bzw. dem Nachfolger webOS, Windows CE, Symbian OS oder Android.

Maemo basiert zu großen Teilen auf Linux und auf dem freien Desktop GNOME. Nokia tritt in diesem Zusammenhang auch als Förderer des GNOME-Projektes auf.

Mit der Übernahme von Trolltech im Jahre 2008 hat Nokia den GTK+-Konkurrenten Qt im eigenen Hause. Ab maemo 5.0 wird *Qt* parallel zu *GTK+* unter maemo angeboten. *Qt* wird ab maemo 5.1 *GTK+* als Standardbibliothek für Grafikelemente ablösen.

Auf dem *Mobile World Congress* im Februar 2010 wurde bekanntgegeben, dass Maemo mit Intels Moblin-Plattform zu dem neuen Projekt MeeGo verschmolzen werden soll.

Hildon-Desktop

Das auf Handheld-Benutzung optimierte GTK+-Framework des Projektes trägt den Namen „Hildon". Es unterscheidet sich vom GNOME-Framework insbesondere durch den Verzicht auf schwergewichtige Pakete wie Bonobo, da mobile Geräte deutlich weniger Arbeitsspeicher haben als PCs oder Laptops.

Community

Das N900 sowie seine Vorgänger werden von einer aktiven Gemeinschaft rege unterstützt. Diese Gemeinschaft hilft Nutzern bei auftauchenden Fragen und entwickelt auch die Version 5 von Maemo weiter. Die Weiterentwicklung wird unter dem Namen *Community Seamless Software Update* (CSSU) geführt. Durch diese Community-Arbeit soll das N900, auch ohne die Hilfe Nokias, aktuell bleiben.

Von „http://de.wikipedia.org/wiki/Maemo"

MeeGo

MeeGo ist ein auf Linux basierendes, quelloffenes Betriebssystem, das in Smartphones, Handhelds, Tablets, Netbooks, an das Internet angeschlossenen TV-Geräten und PKW Einsatz finden soll. Es ist eine Verschmelzung von Nokias Betriebssystem Maemo mit Intels Moblin-Projekt. Das Projekt ist bei der Linux Foundation angesiedelt. MeeGo ist ein Multiplattformprojekt und unterstützt die Architekturen x86/Intel-Atom und ARM. Die Übertragung auf andere Hardwareplattformen ist jederzeit möglich.

Bestandteile des Systems

Die *MeeGo 1.1 Core Software Platform* umfasst den Linux-Kernel 2.6.35, das Standarddateisystem Btrfs, Nokias UI-Framework Qt 4.7, DeviceKit und für die Hardware-Schnittstellen udev. Des Weiteren sind X.org, ein Telefonie- und ein Bluetooth-Stack sowie Media-Frameworks Bestandteil des Systems. Auf die Kernplattform setzen die sog. *MeeGo Netbook User-Experience* und die *Handset User Experience* auf. Bei der MeeGo Netbook User-Experience werden Googles Browser Chrome, bei der Handset User Experience Mozillas

Browser Fennec zum Einsatz kommen. Programme für MeeGo werden als RPM-Programmpakete angeboten und verteilt.

Versionsverlauf

MeeGo wurde im Februar 2010 im Zuge des Mobile World Congress angekündigt. Eine erste Entwickler-Version wurde im April 2010 vorgestellt, die offizielle Version 1.0 des Kernsystems und der Netbook User Experience folgte Ende Mai 2010. Ein Vorab-Release einer Handset-Version für Intel Atom-basierte Geräte, die bereits einige der geplanten Bedienelemente und Anwendungen enthält, erfolgte am 30. Juni 2010, ebenso wie eine frühe Entwicklerversion für das ARM-basierte Nokia N900. Version 1.1 erschien am 28. Oktober 2010. Neue Versionen sind im 6-Monats-Rhythmus geplant. Zwischenversionen für Entwickler werden wöchentlich bereitgestellt.

Kooperationen und geplante Verwendungen

Bisher hat eine Reihe von Firmen Ihre Unterstützung für MeeGo zugesagt, darunter u.a. Acer, AMD, ASUSTeK, BMW Group, Cisco, DeviceVM (Splashtop), LG, Mandriva, Novell, Orange, Telefónica und Xandros. Die von BMW und verschiedenen Partnern konzipierte Referenzplattform für Infotainment-Systeme in Fahrzeugen, GENIVI, soll auf MeeGo aufsetzen. Bereits das 1.0-Entwicklerrelease von MeeGo wurde auch in einer Version für den Einsatz in Fahrzeugen bereitgestellt. Nokia selbst will zukünftige „mobile Computer" mit MeeGo bestücken. ASUSTeK, der fünftgrößte Hersteller mobiler Computer, will künftig ebenfalls MeeGo einsetzen. Im Juni 2010 waren auf der Computex Prototypen von MeeGo-basierten Tablets von Intel, Wistron und CS2C zu sehen. Am 3. September 2010 gab die WeTab GmbH bekannt, dass der in Kooperation mit Neofonie entwickelte Tablet PC WeTab als erstes Tablet mit einem auf MeeGo basierenden Betriebssystem vertrieben wird.

Im Februar 2011 kündigte Nokia an, zukünftig eng mit Microsoft zusammenarbeiten zu wollen und 2011 nur noch ein MeeGo-Gerät auf den Markt bringen zu wollen. Intel zeigte sich von dieser Entscheidung überrascht und enttäuscht, will aber an der Entwicklung festhalten. Zuvor war aus Entwicklerkreisen zu hören, dass die Netbookvariante zurückgefahren wird. Im Juni 2011 stellte Nokia offiziell das Nokia N9 vor, das *im Laufe des Jahres* mit MeeGo 1.2 Harmattan erscheinen soll. Im August 2011 wurde mitgeteilt, dass das Nokia N9 mit MeeGo-Betriebssystem nicht in USA, Großbritannien und Deutschland vertrieben werde.

Derivate

Es wurde von einigen Linux-Distributionen angekündigt, die MeeGo-Oberfläche zu unterstützen, z. B. Fedora, Linpus Linux und Splashtop.

openSUSE/Smeegol

Es steht bereits eine Version von openSUSE mit der MeeGo-Oberfläche zur Verfügung, die den Namen Smeegol trägt. OpenSUSEs GoblinTeam realisiert dieses Projekt.
Von „http://de.wikipedia.org/wiki/MeeGo"

Mobile internet device

Typisches **MID**: das Nokia N810

Mobile Internet Device (**MID**, mobiles Internetgerät) ist eine von verschiedenen Anbietern verwendete Bezeichnung für einen multimediafähigen Handheld mit schnurlosem Internetzugang. Es dient der Unterhaltung, Information und standortbasierten Diensten für den privaten Markt. Nur zweitrangig sind sie für Unternehmen gedacht. Ein MID ist etwas größer als ein Smartphone, aber kleiner als ein Ultra-Mobile PC (UMPC). Solche Geräte wurden daher so bezeichnet, dass sie die Nische zwischen Smartphones und Tablet PCs füllen. Diese Grenze ist jedoch nicht genau definiert. Ein typischer Vertreter wäre das Nokia N810 oder das Gigabyte M528 (Aigo MID).

Intel MID platforms

MID auf der Intelplattform Atom: Gigabyte M528

Intel kündigte einen MID Prototyp auf dem Intel Developer Forum in Frühling 2007 in Peking an. Ein MID Entwicklungskit von Sophia Systems mit dem Intel Centrino Atom wurde im April 2008 angekündigt.

Hardware

Das Gerät basiert auf einem Prozessor und Chipsatz von Intel, der weniger Leistung verbraucht als die meisten x86-Derivate und stellt eine Erweiterung der Centrino-Plattform dar. Zwischenzeitlich wurden verschiedene Plattformen angekündigt, die hier aufgeführt sind:

McCaslin Plattform (2007)
Diese Plattform enthält einen Intel-A100/A110-Prozessor (Codename *Stealey*) 90 nm mit 600 beziehjungsweise 800 MHz.

Menlow Plattform (2008)
Diese Plattform enthält einen Intel-Atom-Prozessor (Codename *Silverthorne* and *Diamondville*) 45 nm CMOS mit bis zu 1,86 GHz. Es nutzt den Poulsbo Chipsatz (System Controller Hub) und beinhaltet Intel HD Audio, Azalia. Hierbei bezieht sich Azalia jedoch nicht auf den HD-Audio-Codec.

Moorestown Plattform (2009)
Diese Plattform enthält einen Intel-Atom-Prozessor (Codename *Lincroft*) 45 nm.

Betriebssystem

Intel MIDs werden auf einer Embedded-Version von Linux mit einer „fingerfreundlichen" Benutzerschnittstelle basieren, das von Intel modifiziert wurde. Durch die Verwendung eines Dual-Core-Prozessors wird das Gerät dennoch in der Lage sein, mit Windows XP und Windows Vista zu laufen.

Intel kündigte für Mai 2007 eine Demoversion von Linux an, basierend auf Chinas Red Flag Linux (Red Flag MIDINUX).

Später verkündete Intel die Zusammenarbeit mit Ubuntu zur Entwicklung einer Ubuntu Mobile and Embedded Edition an, bekannt als Ubuntu MID Edition. Auf der Webseite Ubuntus heißt es über die Distribution, sie biete „die vollständige Erfahrung des Internets für Nutzer von Intels 2008 Mobile Internet Device (MID) Plattform."

Von „http://de.wikipedia.org/wiki/Mobile_internet_device"

Mobilinux

Mobilinux ist eine von MontaVista entwickelte Embedded-Linux-Distribution, die speziell für den Einsatz in Smartphones entwickelt wurde.

Mobilinux basiert auf Open-Source- und Open-Standard-Technologie. Mobilinux arbeitet mit dem Linux Kernel 2.6 und einer grafischen Benutzeroberfläche, welche auf dem GTK+ und KDrive basiert.

Telefone, die auf Mobilinux basieren:
- Motorola A728
- Motorola A760
- Motorola A768
- Motorola A780
- Motorola A910
- Motorola E680
- Motorola E680i
- Motorola E895
- NEC N700i
- NEC N900iL
- NEC N901iC
- NEC N902i
- Panasonic P700i
- Panasonic P901i
- Panasonic P902i

Von „http://de.wikipedia.org/wiki/Mobilinux"

Moblin

Moblin war ein Open-Source-Projekt, das sich die Entwicklung einer speziell auf Mobile Internet Devices (MIDs) und andere Geräteklassen wie Netbooks und Nettops angepasste Linuxdistribution zum Ziel gesetzt hat. Intel startete die Internetseite im Juli 2007 und erweiterte die Seite signifikant im April 2008 mit der Veröffentlichung der Intel-Atom-Prozessorfamilie auf dem Intel Developer Forum in Shanghai. Die Intel-Atom-Prozessorfamilie zielt auf MIDs, Nettops und andere Marktsegmente, in denen geringer Stromverbrauch und geringe Kosten entscheidend sind. Die Moblin.org-Webseite beinhaltet eine Anzahl Entwicklungstools einschließlich eines Software Development Kits, dem Quellcode für alle Hauptkomponenten der Moblin-Plattform, sowie Dokumentation und Beispielcode.

Das Moblin-Projekt wurde eingestellt und zu MeeGo überführt.

Hauptkomponenten

- Moblin Image Creator (MIC): ermöglicht es Entwicklern, ein eigenes Linux-Dateisystem für ein Gerät zu entwickeln. Mit MIC kann ein Plattformentwickler entscheiden, welche Komponenten von Moblin er auf seinem Gerät verwenden möchte, das gewünschte Zielsystem entwickeln, die notwendigen Dateien auf einen USB-Stick speichern und auf das Ziel laden.
- Kernel: Plattformspezifische Patches am Linux-Kernel und vielen anderen Gerätetreibern.
- UI Framework: Bildschirmschnittstelle und sein darunterliegendes GTK-basiertes Framework, welches das Hildon-Anwendungsframework nutzt.
- Power Management Policy: erweitert und verbessert vorhandene Linux Power Management Möglichkeiten.
- Browser: der Moblin Browser ist ein vollwertiger Webbrowser, basierend auf der Mozilla-Technologie mit einem fingergesteuertem Nutzerinterface und einer MID-UI- Integration. Der Moblin Browser unterstützt Plugins wie Adobe Flash.
- Multimedia: Audio- und Videowiedergabe und Bildbetrachter einschließlich der Helix oder GStreamer Multimedia Frameworks.

- Linux Connection Manager: Internetverbindungen, die durch Plugins erweitert werden können, um verschiedene Netzwerk- oder Wireless-Technologien zu unterstützen.

Status

Moblin v2.1 wurde am 5. November 2009 veröffentlicht. Unter Mini-Notebook-Nutzern erlangte Moblin einige Aufmerksamkeit durch eine demonstrierte Bootzeit von 5 Sekunden auf einem Asus EeePC 901 mit SSD. Da die Hardwarebasis vieler Mini-Notebooks identisch ist, lässt sich Moblin auf vielen Geräten installieren. Mit einer herkömmlichen Festplatte ist das komplette System mit GUI innerhalb von 13 Sekunden betriebsbereit. Am 15. Februar 2010 gaben Nokia und Intel eine Zusammenarbeit bekannt. Moblin ist mit dem Handy-Linux Maemo verschmolzen und wird nun als MeeGo weiterentwickelt.

Teilnehmer und Partner

Das Moblin-Projekt wird von Intel gesponsert. Weitere Anbieter arbeiten an Linuxdistributionen, die zu Moblin kompatibel sind:

- Canonical arbeitet an einer speziellen Version von Ubuntu Linux in Form der Ubuntu Mobile and Embedded Edition
- Pixrt SRL entwickelt eine Version von RXART Linux (auch bekannt unter Rxart mobility and Iblog edition).
- Red Flag entwickelt eine als MIDINUX bekannte Distribution.
- Novell möchte mit MSI ein Netbook herausbringen mit OpenSUSE Moblin (Goblin).

Seit der Veröffentlichung der ersten Moblin-basierten MIDs im Sommer 2008 hat sich der Fokus des Projektes über die Entwicklung des Kernsystems hinaus zur Unterstützung bei der Portierung und Entwicklung neuer Anwendungen für Moblin verschoben. Intel sponsert eine Reihe von Entwicklungswettbewerben, insbesondere mit Blick auf Entwickler in Indien, um dem Moblin-Anwendungssystem Starthilfe zu leisten.

Von „http://de.wikipedia.org/wiki/Moblin"

Nokia Internet Tablet

Nokia Internet Tablets ist die Bezeichnung für eine Reihe von mobilen Kleincomputern des Unternehmens Nokia. Die N7xx- und N8xx-Modelle sind zwischen PDA und Ultra-Mobile PC einzuordnen, während das sehr viel kleinere N900 eher ein Smartphone ist und von Nokia in die NSeries eingeordnet wird.

Wie die Gattungsbezeichnung schon sagt, sind sie primär zur mobilen Internetnutzung vorgesehen. Hierzu verfügen sie über einen vollständigen Webbrowser, Software zur E-Mail-Verarbeitung, einen RSS- sowie PDF-Reader, Audio-, Bild- und Videoapplikationen. Im Gegensatz zu anderen portablen Linux-Geräten kommt eine vollständige Linux-Distribution und keine restriktive eingebettete Variante zum Einsatz, daher wurde das Nokia 770 bei Erscheinen als inoffizieller Zaurus-Nachfolger gehandelt.

* Kann mit Upgrade auf Betriebssystemversion OS2008 auf 400 MHz erhöht werden.

** Nur Ir-Sender der LIRC (Fernbedienungen für Fernseher, Radio, ...) kompatibel ist.

*** Kann auf OS2008 (Maemo Chinook 4.0 / Diablo 4.1) per Softwareupdate aktualisiert werden.

Nokia 770

Das Nokia 770 war das erste Internet Tablet von Nokia und wurde am 25. Mai 2005 auf dem LinuxWorld Summit in New York vorgestellt. Eine Markteinführung war ursprünglich für das dritte Quartal 2005 geplant und selbst nachdem Nokia mehrfach die Produktionskapazitäten erhöhte, gab es nach dem tatsächlichen Erscheinungsdatum (1. November 2005) über mehrere Monate eine längere Lieferzeit als 4 Wochen.

Das Nokia 770 war zuletzt für 349 € bei Nokia zu kaufen, ist mittlerweile jedoch nicht mehr lieferbar.

Das Touchscreen-Display (4,13″-Diagonale) besitzt eine Auflösung von 800×480 Pixeln, das aufgrund des kleinen Formfaktors (90 mm × 55 mm) sehr hochauflösend ist (225 Pixel pro Zoll). Das Gerät wiegt 185 g, mit Oberschale 230 g. Der USB-Anschluss besitzt eine On-the-go-Funktionalität mit der das N770 auch als USB-Host dienen und andere USB-Geräte auch mit bis zu 100 mA Strom versorgen kann.

Nach Nokias Angaben lässt sich das Gerät mit vollem Akku 3 Stunden bei intensiver (WLAN-)Nutzung oder 7 Tage im Standby-Modus betreiben, Erfahrungen zeigen aber eine deutlich längere Laufzeit. Aus dem Standby-Modus gelangt man in Sekundenbruchteilen in den normalen Betriebsmodus (*Instant-On*).

Nokia N800

Nokia N800

Im Januar 2007 wurde mit dem N800 der Nachfolger des ersten Nokia Internet Tablets auf der CES 2007 in Las Vegas vorgestellt.

Neu gegenüber dem 770 war ein der TI-OMAP2420-Mikroprozessor sowie doppelt soviel Arbeits- und Massenspeicher. Der CPU-Takt beträgt bei Auslieferung 333MHz, wird jedoch mit dem Firmware-Update auf die 2008-Plattform auf 400 MHz erhöht.

Das N800 verfügt über einen internen und externen SDHC-Memory-Card-Einschub, weshalb man durch passende Adapterkarten auch SD-, microSD-, MiniSD, MMC- und RS-MMS-Speicherkarten nutzen kann. Darüber hinaus verfügt es über eine eingebaute Webcam, Bluetooth 2.0 und Stereo-Lautsprecher. Das mitgelieferte Betriebssystem ist *Internet Tablet 2007 Edition*, basierend auf Maemo 3.0, eine angepasste Linux-Version für Embedded-Geräte. Die Nachfolger-Version *Internet Tablet 2008 Edition* lässt sich per Firmware-Update ebenfalls installieren.

Das N800 war zum Erstverkaufstag im Nokia Online-Shop zum Preis von 399 Euro verfügbar, inzwischen ist es nicht mehr lieferbar.

Nokia N810

Nokia N810 im geöffneten Zustand

Am 17. Oktober 2007 kündigte Nokia das Modell N810 Internet Tablet an. Es basiert auf der OS2008-Plattform (Maemo 4.0, Chinook, auch auf dem N800 installierbar). Obwohl etwas kleiner als sein Vorgänger bietet es zusätzlich einen GPS-Empfänger und eine aufschiebbare QWERTY-Tastatur (die Geräte für den deutschen Sprachraum haben eine QWERTZ-Tastatur). Die CPU des N810 taktet mit 400 MHz schneller als beim Vorgänger im Auslieferungszustand.

Die Displaygröße hat sich nicht verändert, doch ist es jetzt transreflektiv ausgeführt und somit auch im Sonnenlicht gut lesbar. Laut Herstellerangaben soll das Gerät höhere Akkulaufzeiten aufweisen. Die Unterstützung von MMC-Speicherkarten wurde eingestellt, zudem hat es ausschließlich einen (externen) Kartenslot für mini- oder microSD(HC)-Speicherkarten (microSD über miniSD-Adapter). Statt des internen Speicherkartenlesers des N800 hat das N810 einen fest eingebauten zwei Gigabyte großen internen Flashspeicher. Das FM-Radio wurde ebenfalls ausgespart. Aus dem miniUSB-Anschluss ist ein microUSB-Anschluss geworden. Die Kamera ist direkt ins Gehäuse verbaut, statt wie beim N800 ausklappbar an der linken Seite.

Es kann seit Mitte November 2007 in den USA für 479 USD (exkl. Steuern), in Deutschland für 449 Euro käuflich erworben werden. Auf der Softwareseite wurde der Opera-Browser durch einen freien Mozilla-Browser ersetzt und die GPS-Funktion wird durch eine eigene Navigations-Software ergänzt.

Nokia N810w

Nokia N900

Dieses WiMAX fähige Gerät wurde am 1. April 2008 auf der CTIA in Las Vegas angekündigt. Es basiert auf dem Nokia N810. Bis auf 4 Gramm mehr Gewicht und der WiMAX-Unterstützung (nach IEEE 802.16e Standard) sind keine Unterschiede zum N810 bekannt. Das Gerät wird nicht mehr produziert.

Nokia N900

Ende August 2009 kündigte Nokia den Nachfolger N900 an. Anfang Dezember wurden die ersten Seriengeräte in Deutschland ausgeliefert. Das N900 enthält erstmals eine Telefonfunktion. Außerdem verfügt es über eine 5-Megapixel-Kamera und 32 GB Flash-Speicher, sowie eine ARM CPU der Cortex-A8 Architektur die mit 600 MHz getaktet ist. Durch die Reduktion der Bildschirmdiagonale auf 3,5" ist es kleiner und leichter als die Vorgänger.

GPS-Navigation

Für das 770 und N800 werden angepasste GPS-Navigation-Sets angeboten. Die N810x Modelle und das N900 haben bereits ein eigenständiges GPS-Modul integriert. Daneben kann das N900 seine Position auch mit Hilfe von GSM-Ortung bestimmen (z.B., wenn kein GPS-Empfang möglich ist), was systembedingt deutlich ungenauer ist.

Software

Das Besondere an den Nokia Internet Tablets ist die zum großen Teil freie Firmware Maemo. Maemo basiert auf Technologien des Debian GNU/Linux-Projekts sowie X11, GTK+ und D-Bus. Durch diese Herangehensweise kann Maemo viele externe Ressourcen konzentrieren und der Portierungsaufwand für weitere Software ist gering.

Als zentrale Anlaufstelle für die Firmware-Entwicklung hat Nokia das Maemo-Projekt ins Leben gerufen, das die offizielle Entwicklerplattform für die Software darstellt und Entwickler mit Dokumentationen und allen anderen Entwicklungstools versorgt.

Nokia hat im Vorfeld der Entwicklung mehrere Open-Source-Entwickler unter Vertrag genommen und bezahlt sie für die Arbeit an ihren eigenen Projekten. Viele der Weiterentwicklungen an den verschiedenen Projekten wurden auch in die Ursprungsversionen der jeweiligen Software übernommen.

Es sind mehr als hundert bekannte Open-Source-Programme auf Maemo portiert, was sich sehr einfach gestaltet, da Nokia auf etablierte Standards im Open-Source-Umfeld setzt. Aufsehen erregte die erfolgreiche Portierung von Doom 1 auf das Gerät. Es existiert Software für GPS-Navigation, E-Book-Reader, PIM-Verwaltung sowie ein Text-To-Speech-Programm.

Vorinstalliert sind je nach Maemo-Version neben freier Software auch der von Nokia zugekaufte Browser Opera, der Video-Player der auf Reals Helix-Engine basiert, sowie die eingesetzte Handschriftenerkennung.

Maemo

Hauptartikel: Maemo

Internet Tablet OS 2006

Am 28. Juni 2006 veröffentlichte Nokia

das erste größere Update für die Firmware als *Internet Tablet 2006 Edition* bzw. *Maemo 2.0*. Hinzugekommen sind Instant Messaging bzw. VoIP-Funktionen, die auf dem freien Standard XMPP/Jabber bzw. dessen Erweiterung *Jingle* basieren und von Google Talk gesponsert werden. Auch wird Zusatz-Software jetzt über ein Frontend für APT an den Endbenutzer ausgeliefert, was Installieren und Aktualisieren zum Kinderspiel macht. Intern wurde der Großteil der Software aktualisiert, von Benutzern wird eine subjektiv schnellere Reaktionszeit berichtet. Als von Benutzern nachgefragte Funktion wurde eine bildschirmfüllende Software-Tastatur implementiert.

Seit dem 13. Juli 2006 wird die Software Gizmo5 in einer Version für das Nokia 770 angeboten, die unter Mitarbeit Nokias entstanden ist.

Internet Tablet OS 2007

Basiert auf *maemo 3.x Bora* und wird im Nokia N800 verwendet.

Internet Tablet OS 2008

Basiert auf *maemo 4.x Chinook* und wird im Nokia N800 und Nokia N810 verwendet. Zu den sichtbaren Neuerungen gegenüber der Vorversion zählen unter anderem ein neuer, Gecko-basierter Webbrowser, und Unterstützung für das Bluetooth Headset Profil HSP. Auf dem Nokia N800 mit dieser Betriebssystemversion wird der 400-MHz-Prozessor nicht mehr auf 333 MHz gedrosselt.

Navigationssoftware

Die drei Internet Tablets eignen sich auch als Navigationsgerät wenn man die entsprechende Navigationssoftware installiert. Neben einer kommerziellen Lösung, die von Nokia vertrieben wird, gibt es die Open Source Projekte Maemo Mapper und Navit. Beide Anwendungen erlauben das Speichern von Kartendaten auf Speicherkarten, so dass beim Betrieb als Navigationsgerät keine Internet-Verbindung notwendig ist.

Wichtigster Unterschied zwischen diesen beiden Programmen ist die Art der Daten. Maemo Mapper verwendet hierzu Bilddaten von beispielsweise OpenStreetMap oder Google Maps, während Navit Vektordaten von OpenStreetMap verwendet. Navit hat deshalb den Vorteil, die Routen auch offline berechnen zu können, während Maemo Mapper hierzu einen Serverdienst im Internet beansprucht. Ein weiterer Vorteil der Verwendung von Vektordaten ist der deutlich geringere Speicherplatzbedarf von momentan nur rund 120 MB für eine ganze Karte von ganz Deutschland, anstatt von über 80 GB für die gleichen Daten in Form von Bilddateien. Ein wichtiger Nachteil bei der Verwendung von Vektordaten ist, dass für das Rendern viel Rechenkapazität und damit Akkuleistung benötigt wird. Deshalb ist die auf Vektordaten basierende Darstellung meist detailärmer als die von vorgerenderten Karten.

Sonstiges

Zielgruppe

Da das Gerät laut Analysten keine direkte Konkurrenz hat, ist es als Nischenprodukt erfolgreicher, als Nokia erwartete. Es steht nicht in Konkurrenz zu Microsoft und Intels Ultra-Mobile PCs, da diese größer und in einem sehr viel höheren Preissegment angesiedelt sind.

Laut Ari Jaaksi (Nokias Open-Source-Beauftragter) sei die Geräteklasse, die das Nokia 770 absteckt, im Vergleich zum PC wie das Handy im Vergleich zum traditionellen stationären Telefon. Er sieht einen entscheidenden Vorteil des Geräts darin, dass es kein vollständiges Mobiltelefon ist, und sich mit diesem, welches unabhängig vom N770 ausgetauscht werden kann, perfekt ergänzt.

Entwickler-Programm

Nokia bot 500 Software-Entwicklern, die sich nachweislich für die Open-Source-Gemeinschaft eingesetzt hatten, die Möglichkeit, das Gerät vor dem offiziellen Verkaufsstart zum Preis von 99 € zu kaufen, um Software dafür zu entwickeln. Die Einnahmen aus diesem Verkauf spendete Nokia direkt an die GNOME Foundation.

Literatur

- Matt Vella: *A New Message from Nokia*. BusinessWeek online, 7. Februar 2006 (Analyse der Bedeutung des Nokia 770 für Nokias Unternehmensstrategie und den Markt allgemein)

Von „http://de.wikipedia.org/wiki/Nokia_Internet_Tablet"

Openmoko

Openmoko (*Open Mobile Kommunikations – offene Mobilkommunikation*) ist ein hauptsächlich vom gleichnamigen Unternehmen Openmoko Inc. vorangetriebenes Projekt mit dem Ziel, Smartphones mit einem offenen (im Sinne freier Software) Betriebssystem zu entwickeln. Als Hardware sollte das zunächst von der taiwanischen Mutterfirma FIC, dann von Openmoko Inc. hergestellte Neo eingesetzt werden. Durch einen möglichst offenen Entwicklungsprozess auf der Hardware- und Software-Seite versuchte das Projekt, eine große Gemeinde an externen Softwareentwicklern und Open-Source-Enthusiasten aufzubauen. Aus wirtschaftlichen Gründen hat Openmoko Inc. die weitere Entwicklung eingestellt und konzentriert sich nun auf die Entwicklung eines Wikipedia-Lesegeräts. Sowohl software- als auch hardwareseitig wird das Projekt jedoch von Enthusiasten weiterbetrieben.

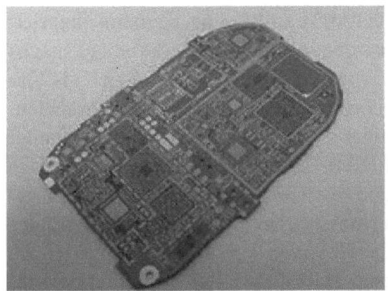

Unbestückte Leiterplatte des Openmoko

Openmoko-Distribution

Geschichte

Die Openmoko-Plattform wurde erstmals November 2006 auf der „Open Source in Mobile Conference" in Amsterdam vorgestellt. Im August 2007 wurde eine überarbeitete GTK-Oberfläche unter dem Namen „2007.2" vorgestellt, unter anderem, da die alte Oberfläche schlecht mit Fingern zu bedienen war. Im April 2008 wurde eine erste Version des „April Software Updates – ASU" veröffentlicht, welches unter Verwendung des ausgereiften Qtopia eine schnellere Produktreife zum Ziel hat. Unter dem Namen 2008.08 wurde eine weiterentwickelte Version davon im August 2008 veröffentlicht. Ergebnisse dieser Arbeit finden sich nun in der Distribution *QtMoko*. Im Rahmen der Openmoko Framework Initiative wurde im Mai 2008 der „Freesmartphone.org"(FSO)-Stack veröffentlicht, welcher eine neue, auf D-Bus basierte Middleware enthält. Auf FSO aufbauend wurde von Openmoko Inc. die Paroli-Oberfläche und von der Community die SHR(Stable Hybrid Release)-Distribution entwickelt.

Software

Alle von Openmoko zur Verfügung gestellten Firmware-Abbilddateien basieren auf OpenEmbedded, dem Bootloader *U-Boot* und einem aktuellen 2.6er-Linux-Kernel.

Das 2007.2-Abbild verwendet außerdem gsmd zur Verwaltung des Smartphone-GSM-Modems, die Paketverwaltungs-Software *iPKG*, das X-Window-System *KDrive*, Matchbox als Fenstermanager, GTK+, den Evolution Data Server, das Openmoko-Framework sowie einige Openmoko-spezifischen Anwendungen. Das 2008.08-Abbild verwendet stattdessen unter anderem das von Openmoko auf X portierte Qtopia, die Enlightenment Foundation Libraries, den neu entwickelten Enlightenmentaufsatz *Illume* und das von iPKG abgeleitete oPKG.

Speziell für Openmoko wurden und werden einige Anwendungen entwickelt. Hierzu gehören eine Telefonanwendung, ein Nachrichten-Programm zum Empfangen und Senden von SMS, ein auf WebKit basierender Webbrowser, ein Mediaplayer, ein RSS-Feed-Reader, eine Sprach- sowie eine Gesten-Erkennung. Da alle von Openmoko veröffentlichten Abbilddateien auf OpenEmbedded basieren, lassen sich nahezu alle in OpenEmbedded zur Verfügung stehenden Toolkits und Programme mit jedem Abbild verwenden.

Zielplattform ist zunächst das von FIC, der Mutterfirma von Openmoko Inc., hergestellte Neo. Openmoko wurde jedoch auch schon teilweise auf die Motorola EZX-Plattform und auf Geräte von HTC und Palm portiert. Das Dash Express (Projektname HXD8), bei dem es sich um ein mobiles Navigationssystem der Firma *Dash* handelt, basiert auf einem Hardware-Entwurf von FIC und verwendet einen von Openmoko angepassten Linux-Kernel.

Außerhalb von OpenEmbedded ist auch Qt Extended (ehemals Qtopia) auf dem Neo FreeRunner lauffähig. Es ist außerdem möglich, Debian auf dem Neo zu installieren, wobei QtExtended und SHR für die Telefonfunktionen zur Verfügung stehen. Mit Hilfe der Firma *Koolu* wurde Android auf das Neo portiert.

Neo

FIC Neo 1973

Neo FreeRunner

Das erste Mobiltelefon des Projekts ist das *Neo 1973* (interner Name: GTA01). Der Name „Neo 1973" bezieht sich auf das Jahr 1973, als Marty Cooper das erste Gespräch mit einem Mobiltelefon führte. Die für den Massenmarkt geplante, überarbeitete Version *GTA02* trägt den Namen „Neo FreeRunner".

Abgesehen von zwei Hardware-Tasten an der Seite des Telefons wird das Neo ausschließlich mittels berührungsempfindlichem Bildschirm bedient. Einige einfache Programme sind dabei speziell für die Bedienung mit den Fingern konzipiert, für andere wird ein Eingabestift benötigt.

Das Neo 1973 (GTA01) hat eine Höhe von 120,7, eine Breite von 62 und eine Tiefe von 18,5 Millimetern. Das Touchscreen-Matrix-LCD mit VGA-Auflösung (480×640 Pixel, 283 dpi) hat eine Diagonale von 2,8 Zoll (etwa 7 cm). Das Gerät verfügt über einen A-GPS-Chip sowie über einen microSD-Einschub und Bluetooth 2.0. Ferner gibt es einen 2,5-mm-Klinkenstecker für Audio (für Kopfhörer oder Sprechgarnitur) und zwei zusätzliche Lautsprecher auf der Rückseite, die an einen 1,2-Watt-Stereoverstärker angeschlossen sind. Aufgeladen wird der 1200 mAh Akku über USB. Als CPU dient ein Samsung S3C2410AL-26-Chip (266 MHz). Diesem stehen 128 MB RAM und 64 MB Flashspeicher zur Verfügung. Das Tri-Band-GSM/GPRS-Modul arbeitet im 900/1800/1900-MHz-Bereich.

Das Neo FreeRunner (GTA02) hat neben der schnelleren CPU S3C2442 (400 MHz) von Samsung auch WLAN-Unterstützung, 256 MB Flashspeicher, hardwarebeschleunigte 2D-/3D-Grafik (SMedia 3362) und zwei Beschleunigungssensoren. Dafür entfällt einer von den Stereo-Lautsprechern. Neben der 900/1800/1900-MHz-GSM-Version gibt es auch eine 850/1800/1900-MHz-GSM-Version für den US-Markt. Kritisiert wurde am Freerunner die im Vergleich zum Neo 1973 deutlich verschlechterte Grafikleistung.

Die Gehäuse-CAD-Dateien als auch die internen Schaltpläne wurden sowohl vom Neo 1973 als auch vom Neo FreeRunner unter einer freien Lizenz veröffentlicht.

Vom Neo 1973 wie auch vom FreeRunner gab es mehrere Hardware-Revisionen, die verschiedene Hardware-Fehler zu beheben versuchten. Jedoch wird auch die aktuellste Version des FreeRunners (A7) von den meisten Besitzern eher als Entwicklergerät, denn als Endkundengerät betrachtet.

Bei einer überarbeiteten Version (GTA03) sollte eine Kamera integriert werden, die Qualität des Audioausgangs verbessert werden, auf den sich als Flaschenhals erweisenden Grafikbeschleuniger verzichtet werden, ein Quadband-EDGE-GSM-Modul verwendet werden und das Gehäuse ein neues Design bekommen. Die weitere Entwicklung des Gerätes wurde von Openmoko jedoch eingestellt. Von der Community wird die Hardware-Entwicklung im Rahmen des GTA02-Core-Projekts weitergeführt.

Nachdem die Entwicklung des GTA03 eingestellt wurde, wurde im Februar 2011 auf der FOSDEM 2011 GTA04 mit zeitgemäßer Ausstattung vorgestellt. Eine lieferbare Version ist für April 2011 geplant. Hierbei kommt das Open-Source-Hardware-Konzept zum Tragen, dass Besitzer ältere Geräte lediglich die zu aktualisierenden Hardwareteile nachbestellen müssen. Display, Gehäuse und andere Komponenten des Vorläufermodells können weiterverwendet werden.

Von „http://de.wikipedia.org/wiki/Openmoko"

Access (Unternehmen)

Access wurde 1979 in Tokio gegründet. Seit 1984 ist das Unternehmen eine Aktiengesellschaft. Access bietet eingebettete Software für Netzwerkgeräte wie Mobiltelefone, PDAs, Spielkonsolen und Set-Top-Boxen an.

Unternehmen

Die *Access CO., LTD.* erntete große Anerkennung für ihren NetFront Webbrowser, welcher im November 2005 auf über 200 Millionen Geräten arbeitete. Die Engine diente auch als Basis des weltweit erfolgreichen i-mode Datendienst von NTT DoCoMo. Der Browser findet ebenso Verwendung in Sonys PSP (ab Firmware Version 2.0).

Im September 2005 hat Access PalmSource, den Rechteinhaber von Palm OS und BeOS, für 324 Millionen US-Dollar übernommen. Im Oktober 2006 wurde die Firma des Unternehmens von *PalmSource* in *Access* geändert.

Im Rahmen der Entwicklung und Vermarktung der teilweise proprietären Access Linux Platform, einer auf Linux basierenden Software-Plattform für mobile Geräte, ist Access Gründungsmitglied des Linux Phone Standards Forum und ist am 1. Februar 2008 der LiMo Foundation beigetreten.

Von „http://de.wikipedia.org/wiki/Access_(Unternehmen)"

HP Palm

Das Unternehmen **Palm Inc.** ist ein Hersteller von PDAs (Personal Digital Assistant) und Smartphones. Im April 2010 wurde Palm von Hewlett-Packard übernommen. Seit Oktober 2010 firmiert sich das Unternehmen daher unter dem Namen „HP Palm". Im August 2011 gab HP bekannt, das keine weiteren Tablets oder Smartphones mit webOS produziert werden.

Firmengeschichte

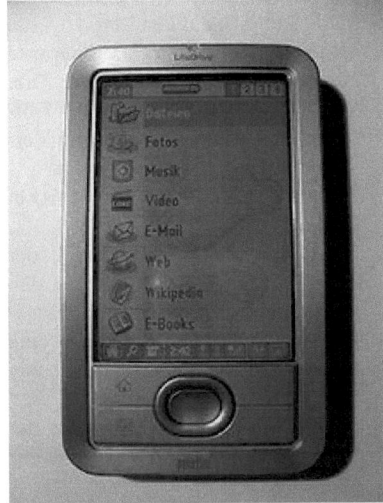

Das LifeDrive, ein PDA von PalmOne

Die Anfänge

Palm wurde 1992 von Jeff Hawkins, Ed Colligan und Donna Dubinsky gegründet. Das Kapital zur Gründung des Unternehmens stammte u. a. von Tandy. Palm gewann nach und nach neben Tandy weitere Partner, wie Casio, GeoWorks oder AOL. 1993 stellte Palm, kurz nach Vorstellung des Newton von Apple, mit dem Zoomer ihr erstes Produkt vor. Der Zoomer war ein Flop auf dem neu entstehenden PDA-Markt und die Partner von Palm verloren das Interesse. Durch den Misserfolg des Zoomer und die Entwicklung eines Nachfolgers in finanzielle Schwierigkeiten geraten, wurde Palm 1996 von U. S. Robotics für 44 Millionen US-Dollar übernommen und konnte, da nun wieder Kapital vorhanden war, noch im April desselben Jahres den „Pilot" auf den Markt bringen. Im März 1997 kaufte 3Com US Robotics für 7,8 Milliarden US-Dollar und damit auch Palm. Ab Dezember 1997 war es auch anderen Firmen möglich, PalmOS zu lizenzieren. Im März 2000 wurde die Palm Inc. an der Börse gelistet. Seit August 2003 hieß die Hardware-Abteilung von Palm Palmone (in der Schreibweise palmOne). Die Software-Abteilung, die das PalmOS-Betriebssystem entwickelt hatte, wurde in ein unabhängiges Unternehmen namens PalmSource ausgelagert. Diese Abspaltung erfolgte nicht im Streit, sondern war seit längerer Zeit geplant. Seit Anfang Juli 2005 firmiert das Unternehmen wieder unter dem Namen palm, Inc. Ende April 2010 übernahm HP Palm, Inc. für eine Summe von 1,2 Milliarden US-Dollar (914 Millionen Euro).

Konkurrenz durch Microsoft

Palm hat die Form der stiftgesteuerten Taschencomputer miterfunden und hatte für lange Zeit ein Quasi-Monopol. Die Palm-Geräte zeichneten sich durch ein einfach zu erlernendes und ressourcenschonendes Betriebssystem und über einen langen Zeitraum nahezu unveränderte Hardware aus. Nahezu der komplette Handheld-Markt wurde von den von Palm entwickelten Geräten oder von Geräten anderer Firmen, die das Palm-Betriebssystem verwendeten, beherrscht.

Das änderte sich, als Microsoft nach der Jahrtausendwende Anstalten machte, mit seinen Pocket PCs den Handheld-Markt umzukrempeln. Waren die ersten Geräte noch fehleranfällig und etwas teuer, so gelang es im zweiten Anlauf doch, mit verbesserten Geräten von Casio, HP, Compaq und vielen anderen Herstellern in den Markt einzudringen. Anders als Palm stellt Microsoft bis heute selbst keine Geräte her.

Im Unterschied zur damals minimalen Ausstattung der Palm-Handhelds boten die Pocket PCs schnelle Prozessoren, viel Farbe, Sound und ein Windows-ähnliches Betriebssystem. Die Pocket PCs begannen Palm die Marktanteile abzunehmen.

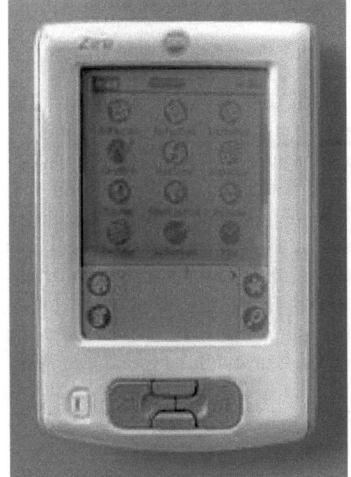

Palm Zire (2002)

Daraufhin erschien mit dem Tungsten T der erste PalmOS-5-Handheld. Er bot ein hochauflösendes Farbdisplay, einen schnellen Prozessor und „richtigen" Sound (im Gegensatz zu den Piepstönen früherer Palms). Zuvor hatte bereits Sony mit den Clié-Handhelds Geräte mit besserem Display, Sound und einer für Multimedia-Anwendungen modifizierten Version des PalmOS-Betriebssystems auf den Markt gebracht.

Der Tungsten T markierte den Anfang einer kompletten Modernisierung der Palm-Produktpalette. Die alten Palms aus der m- und III-Serie wurden komplett von einem zweigeteilten Angebot aus Tungsten und Zire verdrängt. Alle Geräte boten nun einen ARM-Prozessor mit Taktfrequenzen zwischen 200 und 400 MHz, einen Erweiterungsslot für SD-/MMC-Cards und das aktuelle Betriebssystem. Bis auf den Zire 31 und dem Z22, deren Farbdisplays nur eine Auflösung von 160x160px boten, arbeiteten alle Geräte mit einem hochauflösenden Farbbildschirm.

Im Oktober 2004 fusionierte Palm mit der von ehemaligen Mitarbeitern gegründeten Firma Handspring. Das Flaggschiff-Produkt Handsprings, der Treo, wurde von Palm weiterentwickelt und Anfang 2006 auch in einer Variante mit dem Microsoft-Betriebssystem Windows Mobile 5.0 auf den Markt gebracht.

webOS

→ *Hauptartikel: HP webOS*

Da die letzte öffentliche Version 5.4 von Palm OS, die mittlerweile in Garnet umbenannt wurde, einige technische Beschränkungen hatte, die unter anderem die Nutzung von Technologien wie UMTS oder WLAN schwierig machten, konnte die Hardware-Ausstattung der neueren Palm-Geräte kaum mit der anderer Hersteller, die Windows Mobile lizenzierten, mithalten. Hinzu kam als neuer Konkurrent das iPhone von Apple.

Um wieder größere Marktanteile zu erlangen, setzte Palm auf ein neuentwickeltes Betriebssystem namens webOS, das den Arbeitsnamen Nova hatte. Auf der CES 2009 gab Palm erste Details dazu bekannt und stellte ein erstes Gerät mit dem neuen Betriebssystem, den Palm Pre, vor.

Derzeit arbeitet das Unternehmen an einer neuen Version des Betriebssystems webOS. Laut dem Vorstandsvorsitzenden Jon Rubinstein werde sich Palm mit der Entwicklung der Version webOS 2.0 auch auf neue Hardwarekonzepte konzentrieren. Neben dem Smartphone soll dabei der Tablet-PC an Bedeutung gewinnen.

Übernahme durch Hewlett-Packard

Die Verkaufszahlen des Pre blieben weit hinter den Erwartungen zurück, was zwischen Herbst 2009 und Frühjahr 2010 zu einem Einbruch des Aktienkurses um 69% sowie zu Übernahmegerüchten führte. Am 19. April 2010 wurde bekannt, dass Palms Softwarechef Michael Abbot das Unternehmen verlassen wird. Einen Tag später meldete das Wall Street Journal, dass die große US-Handelskette Radio Shack ab sofort keine Palm-Produkte mehr im Sortiment habe. Knapp eine Woche später, am 28. April 2010, gaben Hewlett-Packard und Palm offiziell bekannt, dass HP Palm aufkaufen werde.

Chronik

- **1996** kommen Pilot 1000 und Pilot 5000 auf den Markt.
- **Mitte 1997** arbeiten mehr als 2.000 Entwickler an Software für die kleinen Computer unter PalmOS
- **Dezember 1997** beginnt das Unternehmen, PalmOS-Lizenzen an andere Hardwarehersteller zu vergeben
- **September 1998** lizenziert das von ehemaligen Palm-Angestellten gegründete Unternehmen Handspring das PalmOS – ihre „Visors" werden die ersten Handhelds mit einem (proprietären) Erweiterungssteckplatz (dem Springboard) sein
- **Ende 1998** gibt es über 3.500 Entwickler für PalmOS Software
- **Februar 1999** kommt der Palm V auf den Markt, der sich von seinen Vorgängermodellen (Palm III) durch sein elegantes, flaches Metallgehäuse unterscheidet (Industriedesign von IDEO).
- **Mitte 1999** sind es mehr als 13.000 PalmOS Entwickler
- **Oktober 1999** lizenziert auch Nokia das PalmOS, wird es jedoch -anscheinend- niemals verwenden
- **Februar 2000** der erste Palm Handheld mit einem farbigen Display kommt auf den Markt – er heißt IIIc und hat ein TFT-Farbdisplay, das bei einer Auflösung von 160x160 256 Farben darstellen kann
- **April 2000** zählt mehr als 65.000 Entwickler für PalmSoftware
- **März 2001** der erste Palm mit E-Mail und Internetfähigkeiten kommt heraus
- **März 2001** peanutpress.com wird als erster E-Book-Anbieter für den Palm gegründet
- **Mai 2001** es werden mehr als 10.000 Anwendungen für PalmOS registriert
- **Juni 2001** erhalten die Handhelds von Palm Unterstützung für SD/MMC-Karten
- **August 2001** „Documents To Go" von Dataviz wird jedem Palm mitgegeben. Der Palm kann damit Word- und Excel-Dateien nach Synchronisation bearbeiten
- **August 2001** der Betriebssystembauer Be Incorporated (BeOS, heute ZETA) wird von Palm für 11 Millionen US-Dollar aufgekauft
- **Januar 2002** es wurden insgesamt mehr als 20.000.000 Geräte mit PalmOS verkauft
- **September 2002** die ersten ARM Prozessor bestückten Palm-Handhelds kommen auf den Markt
- **Oktober 2002** der preiswerteste Handheld seiner Zeit, der Zire, kommt zu einem Preis von 99,- Dollar auf den Markt – er wird zum Verkaufsschlager
- **Oktober 2002** Sony investiert in PalmSource
- **November 2002** Tungsten T, der erste Palm mit OS 5 kommt auf den Markt, auch das Smartphone Tungsten W mit OS4 – beide haben eine höhere Bildschirmauflösung von 320x320 Pixeln
- **Mai 2003** der dritte Tungsten, der Tungsten C mit WLAN, kommt auf den Markt
- **September 2003** das Unternehmen Garmin bringt den Garmin iQue 3600 mit Palm OS 5 und GPS auf den Markt
- **Oktober 2003** der Tungsten T2 löst den Tungsten T ab, er hat einen transflektiven Bildschirm und mehr RAM
- **Oktober 2003** Palm Solutions kauft das Unternehmen Handspring, eine Ausgründung ehemaliger Palm-Mitarbeiter, und deren Zugpferd, das Smartphone Treo 600
- **Dezember 2003** der Tungsten E kommt auf den Markt und der Tungsten T3 löst den Tungsten T2 ab
- **April 2004** Es erscheinen die neuen Geräte Zire 31 und 72. Mit dem alten Zire, der technisch noch zur m-Serie gehörte, haben sie nichts mehr zu tun. Es handelt sich um erschwingliche Geräte, die aber mit der aktuellen Technologie (ARM-Prozessoren, das Betriebssystem Palm OS 5) ausgestattet sind. Dies markiert auch die überfällige Aufgabe der veralteten Technologie der m-Serie. Die Produktpalette ist jetzt nur noch aufgeteilt in die Business-Geräte Tungsten und die Consumer-Geräte aus der Zire-Serie.
- **Oktober 2004** der Tungsten T5 kommt auf den Markt; hier werden erstmals 256 MB Flash-RAM als nicht-flüchtiger Speicher eingesetzt,

so ist der Palm gegen das Verlieren von Daten durch Entladen der Batterie geschützt (vgl. NVFS).
- **Oktober 2004** der Treo 650 wird als erste PalmOne-Weiterentwicklung der Smartphone-Reihe in Amerika vorgestellt, in Deutschland im März 2005. Er besitzt wie der Tungsten T5 nichtflüchtigen Speicher mit NVFS. Im Gegensatz zu seinem Vorgängermodell 600 besitzt er u.a. ein höher auflösendes Display (320x320) und eine Bluetooth-Schnittstelle.
- **März 2005** der Treo 650 ist nun auch in Deutschland verfügbar
- **April 2005** PalmOne bringt den Tungsten E2 heraus. Der Nachfolger des Tungsten E bietet unter anderem schnellere Prozessorleistung, ein Display mit 262.144 statt 65.536 Farben und Bluetooth. Als Betriebssystem wird Palm OS 5.4 Garnet verwendet.
- **Mai 2005** das erste Gerät einer neuen Produktserie, LifeDrive wird der Öffentlichkeit vorgestellt. Das erste Gerät von PalmOne mit Bluetooth **und** W-LAN. Eine weitere Neuheit ist die integrierte 4 GB Festplatte.
- **Juli 2005** PalmOne benennt sich wieder in Palm um.
- **September 2005** Palm stellt den Treo 700w vor, das erste Smartphone von Palm mit Windows Mobile als Betriebssystem.
- **Oktober 2005** der TX mit Bluetooth und WLAN und der Z22 als Einstiegsmodell werden vorgestellt. Die Namen „Zire" und „Tungsten" werden nicht mehr verwendet.
- **Januar 2006** der Verkauf des Treo 700w startet in den USA
- **Mai 2006** Palm stellt den Treo 700p vor, das erste Smartphone von Palm mit TV-Fähigkeiten.
- **Oktober 2006** Palm stellt den Treo 680 vor.
- **Mai 2007** Palm kündigt den *PalmFoleo* an, einen *mobile companion*, der ein vorhandenes Treo Smartphone um eine vollwertige Tastatur und einen größeren Bildschirm erweitert, sodass es für den Anwender einfacher ist, auf Daten zuzugreifen, im Internet zu surfen und E-Mails zu schreiben.
- **September 2007** Palm zieht den *PalmFoleo* noch vor der Auslieferung der ersten Modelle wieder zurück.
- **Februar 2008** Palm stellt in Deutschland den Centro vor. Der Nachfolger des Treo 680 bietet ein deutlich kleineres Gehäuse und eine etwas verbesserte Kamera. Zudem sind die mitgelieferten Programme aktualisiert.
- **August 2008** Palm stellt den Treo Pro vor. Der Nachfolger des Treo 750 bietet ein deutlich kleineres Gehäuse bei deutlich mehr Funktionen, wie integriertem GPS-Empfänger und WLAN und verwendet Microsoft Windows Mobile.
- **Januar 2009** Palm stellt auf der CES das neue Betriebssystem webOS sowie das Palm Pre, das erste Gerät mit dem neuen Betriebssystem, vor.
- **28. April 2010** Palm und Hewlett Packard geben den Aufkauf von Palm durch HP bekannt.
- **9. Februar 2011** HP lädt zur Pressekonferenz in San Francisco ein und stellt 3 neue Geräte vor: HP Veer, HP Touchpad und das HP Pre 3. Alle haben als Betriebssystem webOS installiert.

Produkte

Palm T/X

Ein Palm Centro neben einem Treo Pro

Palm Pre

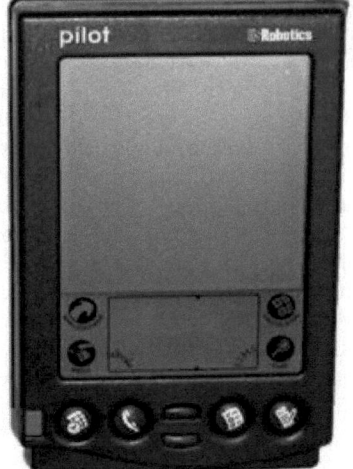

Palm Pilot 5000

Palm Pixi

Das Unternehmen Palm verkauft heute hauptsächlich Smartphones.

Nicht mehr angebotene Produkte

Palm Pilot-Serie

→ *Hauptartikel: Palm Pilot*

Der Palm Pilot war der erste PDA von Palm, welcher im Jahr 1996 erschien. Das Gerät war auf Stiftbedienung ausgelegt und besaß deshalb keine eigene Tastatur. Das eigens für das Gerät entwickelte Palm OS lief auf einem Motorola Dragonball-Prozessor. Zur Verfügung standen anfangs je nach Modell zwischen 256 kB bis 512 kB RAM. Ab 1997 fertigte IBM Palm Pilots in Lizenz unter dem Namen „WorkPad".

Palm m-Serie

→ *Hauptartikel: Palm m100*

Ende des Jahres 2000 brachte Palm das Modell m100 heraus, welcher zusammen mit dem Anfang 2001 erschienen m105 als Einsteigermodell vermarktet wurde. Die mit einem monochromen Display ausgestatteten PDAs arbeiteten wie zuvor schon die Palm Pilot Modelle mit einem Motorola Dragonball-Prozessor. Später folgten der Palm m125 und m130 mit einer höheren Taktfrequenz, einer neueren Version des PalmOS und einem farbigen Display (nur m130).

Palm Tungsten-Serie

→ *Hauptartikel: Palm Tungsten*

Im Jahr 2002 startete Palm mit dem Tungsten T eine neue Modellreihe, die sich vorwiegend an Business-Kunden richtete. Meist waren die Modelle mit Bluetooth oder WLAN, sowie mit einem hochauflösenden Bildschirm ausgestattet. Die E-Modelle innerhalb der Tungsten-Serie gehörten zur Einstiegsklasse der Businesshandhelds, während die T-, C- und W-Modelle Businessnutzer mit höheren Ansprüchen ansprechen sollten. Das letzte Produkt aus der Tungsten-Serie ist der Palm T|X, welcher mit 128 MB RAM und einem 312-MHz-XScale-Prozessor das Spitzenmodell der Reihe darstellte.

Palm Trēo-Serie

→ *Hauptartikel: Palm Trēo*

Die ersten Trēo-Modelle wurden noch von der Firma Handspring hergestellt. Später fusionierte Handspring mit Palm; die beiden Firmen bildeten das Unternehmen palmOne. Der überwiegende Teil der verschiedenen Trēo-Modelle verfügte über ein Telefonmodem, sodass mit diesen Geräten auch telefoniert werden konnte. Anfangs setzten sowohl Handspring als auch palmOne auf PalmOS, später gab es parallel zu dessen Nutzung auch Geräte mit Windows Mobile. Das erste Modell mit dem Betriebssystem von Microsoft war der Trēo 700w, welcher Anfang 2006 auf den Markt gebrachte wurde. Das letzte Produkt aus der Trēo-Linie war der Trēo Pro, welcher 2008 erschien.

Palm LifeDrive

→ *Hauptartikel: Palm LifeDrive*

Das Palm LifeDrive ist ein PDA, welcher 2005 auf den Markt kam und als erstes Palm-Gerät WLAN und Bluetooth zusammen bot. Der verbaute ARM-Prozessor taktete mit 416 MHz. Als Betriebssystem kam PalmOS in der Version 5.4 zum Einsatz. Anders als alle anderen Handhelds besitzt dieses Gerät eine Festplatte zum Speichern von Daten, wodurch eine höhere Speicherkapazität erreicht werden konnte. Dies wirkte sich allerdings negativ auf Zugriffszeiten und Akkulaufzeit aus. Das Gerät wurde bis Anfang 2007 hergestellt.

Aktuelle Produkte

Palm-Pre-Serie

Palm Pre

→ *Hauptartikel: Palm Pre*

Das Palm Pre kam in den USA am 6. Juli 2009 auf den Markt. Die US-Ausgabe war als CDMA-Gerät nicht kompatibel mit europäischen Mobilfunknetzen. Eine Version des Pre als GSM/UMTS-Gerät wurde ab dem 13. Oktober 2009 von o2 in einigen europäischen Ländern, darunter Deutschland, eingeführt. Das Gerät ist dabei sowohl ohne als auch mit Vertrag erhältlich.

Auf dem Smartphone wird das von Palm neu entwickelte Betriebssystem webOS verwendet. Dieses wird von einem mit 500 MHz getakteten System on a Chip von Texas Instruments angetrieben. Als Arbeitsspeicher stehen 256 MB RAM und als Datenspeicher 8 GB interner Flash-Speicher zur Verfügung. Im Gegensatz zu vielen anderen Smaptphones besitzt der Pre eine vertikal ausfahrbare Tastatur. Der 3,1 Zoll große kapazitive Touchscreen löst mit 320x480 Pixeln auf und unterstützt Multi-Touch.

Palm Pre Plus

Auf der Consumer Electronics Show 2010 kündigte Palm das Pre Plus an. Dieses Gerät hat im Vergleich zu seinem Vorgänger ein leicht verändertes Design und eine bessere Verarbeitung. Außerdem wurde die Kapazität des internen Speichers auf 16 GB und des RAMs auf 512 MB jeweils verdoppelt.

Palm Pre 2

Im Oktober 2010 hat HP Palm das/den Pre 2 offiziell vorgestellt. Es stellt die dritte Generation des Palm Pre dar und läuft als erstes Gerät mit webOS in der Version 2.0. Der Prozessortakt wurde auf 1 GHz erhöht und die Kameraauflösung auf 5 Megapixel erhöht. Außerdem wurde das Design wieder leicht verändert. Statt der abgerundeten Oberfläche der Vorgängermodelle ist beim Pre 2 eine flache Vorderseite aus sogenanntem *Gorilla Glass* verbaut, welche besonders kratzfest sein soll.

HP Pre 3

Im Februar wurde das/der Pre 3 für den Sommer 2011 offiziell angekündigt. Zu den wesentlichen Weiterentwicklungen gegenüber dem im deutschsprachigen Raum nicht vertriebenen Pre 2 gehört eine Frontkamera, welche Video-Telefonate ermöglicht, sowie ein 1,4 GHz-Prozessor.

Palm-Pixi-Serie

Palm Pixi

Im September 2009 kündigte Palm über seinen Blog das Palm Pixi an. Es fungiert als Low-Cost-Gerät und richtet sich vor allem an Smartphone-Einsteiger. Das Display ist mit 2,6 Zoll etwas kleiner als der des Palm Pre und löst 320 x 400 Pixel auf. Im Gegensatz zum Pre unterstützt das Pixi kein WLAN. Das Gerät ist nur über den amerikanischen Mobilfunkanbieter Sprint verfügbar.

Palm Pixi Plus

Auf der Consumer Electronics Show 2010 kündigte Palm das Pixi Plus an, welches nun über WLAN verfügt. Außerdem gibt es die Möglichkeit, das Pixi Plus in einen WLAN-Hot Spot für bis zu 5 Geräte gleichzeitig zu verwandeln.

HP Veer

Zeitgleich mit dem Pre 3 wurde das HP Veer mit einem 800-MHz-Prozessor und einem Display mit 2,6 Zoll Diagonale angekündigt. Es hat wie das Pre eine ausziehbare QWERTZ-Tastatur und soll das Pixi ersetzen.

HP TouchPad

→ *Hauptartikel: HP TouchPad*

Ebenfalls im Februar 2011 kündigte HP das TouchPad für Sommer 2011 an. Das TouchPad ist ein Tablet-Computer mit einem 9,7-Zoll-Display und einem Dual-Core-Prozessor mit 1,2 GHz, welches unter WebOS läuft.

Kritik

Im Jahr 2001 verschickten US-Anwälte in Palms Auftrag Briefe an Betreiber von Internetseiten, die das Wort „Palm" in ihrer URL verwendeten. Infolgedessen wurden auch deutsche Seiten umbenannt. Die Community zeigte sich verärgert. Auch später wurden noch Seiten ins Internet gestellt, die das Wort „Palm" im Titel hatten, was Palm jedoch zunächst ignorierte. Dies änderte sich 2008: Hier mussten sich zunächst mehrere Softwareentwickler in den USA umbenennen. Kurze Zeit später verschickten die Anwälte auch einen Brief an das deutsche PalmWiki. Hier konnte man sich jedoch mit Palm einigen, den Namen zu behalten.

Von „http://de.wikipedia.org/wiki/HP_Palm"

Handspring

Handspring war ein Hersteller von PDAs mit Palm OS Betriebssystem.

Die Erfinder des Palm Pilot und Gründer der Unternehmung Palm waren Jeff Hawkins, Donna Dubinsky und Ed Colligan. Als 3Com im März 1997 Palm aufkaufte, ärgerten sich die drei genannten Personen nach einer Weile darüber, dass 3Com zu viel Kontrolle über das Produkt hatte. Sie verließen Palm und gründeten im Juni 1998 die Firma Handspring.

Nach etlichen innovativen Modellen verschmolz Handspring im Oktober 2003 schließlich wieder mit Palm zum Konzern palmOne. Der **Treo 600** ist das letzte Handspring-Produkt.

Handspring Visor

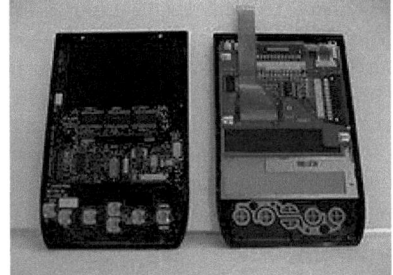

Innenansicht eines Visors

Am 14. September 1999 brachte Handspring die **Visor**-Produktlinie auf den Markt, die im Gegensatz zu den meisten Produkten von Palm zu der Zeit per USB synchronisiert werden konnte und einen Erweiterungs-Slot (Springboard-Slot) besaß. Durch die USB-Unterstützung waren die Visors die ersten Palm-OS-Geräte, die ohne zusätzliche Hardware mit Apple Macintosh Computern zusammenarbeiteten. Für den Springboard-Slot gab es Module wie Spiele, E-Books, Speichererweiterungen, Universalfernbedienungen für Fernseher, Mobiltelefone, Modems, MP3-Player, Digitalkameras und sogar eine Schnittstelle für ein EKG. Mit ihrem frech-bunten Design sprach die Visor-Linie auch Durchschnittsmenschen an, während Palm mit konservativem Design eher auf Geschäftskunden zielte.

Visor und Visor Deluxe

Das erste Gerät der Visor-Linie war der **Visor Solo** mit schwarzem Gehäuse und 2 Megabyte RAM. Der **Visor Deluxe** hatte optional Varianten mit durchscheinendem farbigem Gehäuse und 8 Megabyte RAM. Visor und Visor Deluxe benutzten Palm OS 3.1H, eine modifizierte Version des Betriebssystems von Palm, die einen verbesserten Kalender, eine Weltzeituhr und einen erweiterten Taschenrechner bot. Im Gegensatz zum Palm Pilot befand sich die Infrarot-Schnittstelle des Visors an der Seite, um Platz für das Springboard zu schaffen. Kritiker der Geräte bemängelten die fehlende Gummischicht zwischen Knöpfen und Kontakten, wodurch sich die Knöpfe schwerer drücken ließen. Außerdem konnte man die anstreckbare Bildschirmabdeckung aus Plastik leicht verlieren. Visor und Visor Deluxe wogen 153 Gramm und waren 12,2 cm × 7,6 cm × 1,8 cm groß.

Visor Prism

Als Handspring den **Visor Prism** herausbrachte, war es der erste Palm OS Handheld mit 16-bit-Farbdisplay (65.536 Farben); das aktuelle Modell von Palm hatte nur ein 8-bit-Farbdisplay (256 Farben). Als Stromquelle diente ein Lithium-Ionen-Akku im Gegensatz zu zwei Micro-Zellen (AAA-Zellen) in den anderen Visors. Gemeinsam mit anderen Modellen hatte er den standard Springboard-Slot. Der Prism lief unter Palm OS 3.5.2H3 und wog 199 Gramm bei einer Größe von 12,2 cm × 7,7 cm × 2,1 cm.

Visor Platinum

Wenig Spektakuläres bot der Platinum. Dem 33-MHz-Dragonball-Prozessor standen 8 MB RAM zur Seite, betrieben wurde er wie schon die früheren Visors mit zwei AAA Micro-Zellen. Das Display bot 160×160 Pixel, als Betriebssystem diente Palm OS 3.5.2H. Da Handspring den Springboard Slot beim Platinum ins Gehäuse integrierte, war das Gerät mit 2,1 cm deutlich dicker als der kurze Zeit später erscheinende **Visor Edge** (s. u.). Weiter Maße: 12,2 cm × 7,6 cm, 180 Gramm Gewicht. Als Besonderheit kann man das eingebaute Mikrofon gelten lassen. Der Visor Platinum wurde in Deutschland beim Discounter Aldi als **Medion Visor** mit der Kennzeichnung MD9508 verkauft.

Visor Edge

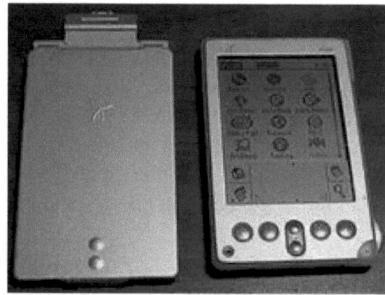

Visor Edge

Im März 2001 startete Handspring den flachen **Visor Edge** mit 33 MHz MC68VZ328 DragonBall™ CPU. Das 160 × 160 Pixel Display mit 16 Graustufen entsprach dem Standard bei den meisten anderen Palm PDAs, mit 126 Gramm und Abmessungen von 11,9 cm × 7,9 cm × 1,1 cm war er jedoch der kleinste und leichteste Visor. Ausgestattet mit 8 MB RAM und Handsprings neuester Version von Palm OS, Version 3.5.2H, war der Visor Edge ein reizvoller PDA. Mit den drei verfügbaren Farben Blaumetallic, Silbermetallic und Rotmetallic war er zudem ein echter Blickfang. Der eingebaute Lithium-Ionen-Akku bot Laufzeiten zwischen zwei und vier Wochen. Aufgrund seiner Größe musste man auf einen eingebauten Springboard-Slot verzichten, konnte die vielfältigen Springboard-Module jedoch über einen abnehmbaren Adapter im Lieferumfang nutzen.

Visor Neo

Der Visor Neo bot nichts neues in der Visor-Linie. Das im September 2001 herausgebrachte Gerät besaß einen MC68VZ328 DragonBall™-Prozessor mit 33 MHz. Es besaß 8 MB DRAM, eine IrDA-kompatible Infrarot-Schnittstelle und den normalen Handspring Springboard-Slot. Es bot ein eingebautes Mikrofon und ein 160 × 160 Pixel Display mit 4 Graustufen, war 12 cm × 7,5 cm × 1,6 cm groß und wog 160 Gramm. Drei transparente Farben standen zur Wahl: Blau, Rot und „Smoke" („Rauchig"). Die blaue und rote Variante war in Deutschland nicht erhältlich. Der Visor Neo in „Smoke" wurde bei Tchibo als „TCM Visor" und bei Real-Kauf als „Cybercom Visor" mit den entsprechenden Aufdrucken mittig über den Funktionstasten verkauft. Betrieben wurde der Neo mit der von Handspring modifizierter Version 3.5.2H3 von Palm OS. Strom lieferten zwei Micro-Zellen, die bis zu zwei Monate hielten. Als einziges neues Feature ist der niedrige Preis zu nennen, mit dem Handspring Neukunden gewinnen wollte.

Visor Pro

Der Visor Pro war das letzte Modell in Handsprings Visor-Serie. Er wog 162 Gramm, maß 12,2 cm × 7,6 cm × 1,8 cm und wurde von einem MC68VZ328 DragonBall™-Prozessor mit 33 MHz betrieben. Des Weiteren bot der Visor Pro „satte" 16 MB RAM, ein eingebautes Mikrofon und den Springboard-Slot. Er hatte ein 16-Graustufen-Display mit Hintergrundbeleuchtung und einen Lithium-Ionen-Akku.

Handspring Treo

Handspring stoppte die Visor-Produktlinie und ersetzte sie durch den **Handspring Treo**, eine an mobiler Kommunikation ausgerichtete Handheld-Serie, von denen fast alle ein eingebautes Mobiltelefon hatten.

PalmOne

Im Oktober 2004 fusionierte die Firma Handspring mit Palm zu palmOne. Von „http://de.wikipedia.org/wiki/Handspring"

NVFS

Non-volatile file system (kurz **NVFS**; deutsch: nichtflüchtiges Dateisystem) - Entwicklung von palmOne, um die Daten und Anwendungen eines PDAs in nichtflüchtigem Speicher zu halten. Als Speicherbaustein kommt der DiskOnChip Flash-Speicher zum Einsatz.

Da Flash-Speicher deutlich langsamer sind als herkömmliches flüchtiges RAM ("volatile" RAM), cacht palmOne die gerade aktive Anwendung in einem herkömmlichen 10 MB-Speicher (dies ist vergleichbar mit der relativ langsamen Festplatte und dem schnellen RAM im PC).

Vorteile von NVFS
- Batteriewechsel ist ohne Datenverlust möglich.
- Es ist kein regelmäßiges Aufladen des Gerätes mehr notwendig.

Nachteile von NVFS
- Durch das NVFS belegt jeder Eintrag in Palm-Datenbanken genaue Vielfache von 512 Bytes; der Speicher wird daher weniger effizient genutzt als bei flüchtigen Speichern
- Da die aktive Anwendung im Cache liegt, kann im ungünstigen Fall der gerade bearbeitete Datensatz trotz NVFS verloren gehen
- Der Start von Anwendungen kann etwas länger dauern, da diese erst in den Cache geladen werden. Falls dieser nicht ausreichend freien Speicher hat, müssen andere Dateien wieder in den Flash-Speicher zurückgeschrieben werden, was ebenfalls etwas dauern kann.

PDAs mit NVFS

PDAs mit NVFS sind der Tungsten T5 (insgesamt 256 MB), der Tungsten E2 sowie der Treo 650 (32 MB), der Treo 680, der Centro, der Treo 700w (128 MB), der Treo 700p (128 MB), der LifeDrive, der T|X (128 MB) und der Z22 (32 MB), allesamt von PalmOne.

Ein ähnliches System (Persistent Storage) wird auch bei allen PDAs mit dem Betriebssystem Windows Mobile 5.0 angewandt.
Von „http://de.wikipedia.org/wiki/NVFS"

PalmSource

PalmSource / Access ist der Hersteller des PDA-Betriebssystems Palm OS.

Ursprünglich entstand PalmSource aus der Software-Entwicklungssparte von Palm Inc. (Heute Palm).

PalmSource agierte seit Oktober 2003 als eigenständiges und unabhängiges Unternehmen. PalmSource selbst sah darin eine Reihe von Vorteilen. So erwartete der Unternehmenspräsident David Nagel einen Anstieg der Palm OS Lizenznehmer, eine stärkere Konzentration auf das Kerngeschäft sowie eine verbesserte Wettbewerbsposition.

Das Unternehmen entwickelte Palm OS weiter und verkaufte Lizenzen an Handheldhersteller. Lizenznehmer waren neben Palm und Sony auch Aceeca, AlphaSmart, Foundertec, Fossil, Garmin, GSPDA, HuneTec, Kyocera, Lenovo, LG Electronics, Percomm, Samsung, Symbol und Tapwave. Der ehemalige Lizenznehmer Handspring wurde im Jahr 2003 von Palm übernommen.

Im September 2005 wurde PalmSource von dem japanischen Unternehmen Access (Hersteller des Browsers NetFront) für 324 Millionen US-Dollar übernommen. Im Oktober 2006 wurde der Name PalmSource in Access geändert.
Von „http://de.wikipedia.org/wiki/PalmSource"

Palm Desktop

Palm Desktop ist die mit dem Palm Taschencomputer mitgelieferte PIM-Software für die Verwaltung von
- Kalendereinträgen
- Kontakten
- Aufgaben
- Memos

In neueren Versionen finden sich noch weitere Module. Die vier Grundaufgaben entsprechen den Hauptfunktionen des Palm Taschencomputer im Auslieferungszustand.

Geschichte

Palm Desktop wurde 1995 in der Version 1.0 ausgeliefert und wird auch auf aktuellen Geräten mitgeliefert. Palm Desktop basiert in der Mac Version auf Claris Organizer - einer PIM Software die Anfang der 90er für den Mac angeboten wurde. Nach der Übernahme von Claris durch Palm wurde die Software überarbeitet und umbenannt.

Plattformen

Die Palm Desktop Software gibt es für Mac OS und Windows. Alternativen gibt es für Linux.

Dateiformate

Bis zur Version 4.x wurde zur Speicherung der Daten ein proprietäres Dateiformat verwendet, das von der Hotsync Software für den Datenaustausch mit dem Palm gelesen und beschrieben wurde. Über eine Programmierschnittstelle für C und Java gab es die Möglichkeit auf diese Daten indirekt zuzugreifen.

In neueren Versionen wird das Microsoft-Access-Datenbank-Format für die Speicherung von Daten verwendet.

Konvertierung

Beim Wechseln zum und vom Palm Taschencomputer zu anderen Lösungen ist ein Import bzw. Export erforderlich. Palm Desktop bietet dafür das CSV- bzw. vCard-Format an.

Erweiterungen

Prinzipiell bietet Palm Desktop eine COM-Schnittstelle zu den Funktionalitäten an. Sie ist aber nicht vollständig veröffentlicht sondern lässt sich nur über Plugins ansprechen.
Von „http://de.wikipedia.org/wiki/Palm_Desktop"

Palm OS

Palm OS [pɑːm oʊˈɛs] war das Betriebssystem für die Organizer der Palm-Serie (siehe PDA) sowie für Smartphones.

Die Geräte wurden zuerst nur vom Unternehmen Palm, das auch das Betriebssystem entwickelte, hergestellt. Später wurden die beiden Gebiete aber auf die Tochterunternehmen PalmSource (Software) und PalmOne (Hardware) aufgeteilt. Im Jahr 2005 kaufte das Unternehmen PalmOne die Rechte am alten Namen zurück und benannte sich wieder in Palm um. Auch Sony, Handspring, Garmin, Symbol und andere Hersteller lizenzierten Palm OS und setzten es in ihren Geräten ein. Mittlerweile hat sich Sony allerdings vom PDA-Markt verabschiedet und Handspring wurde von Palm übernommen, sodass es eigentlich kaum noch Geräte mit Palm OS von anderen Herstellern als Palm selbst gibt.

Im Jahr 2005 wurde Palm-OS-Entwickler PalmSource vom japanischen Unternehmen Access gekauft. Mittlerweile hat Access ein linuxbasiertes Nachfolgebetriebssystem, die Access Linux Platform, die zugleich kompatibel zu Palm OS ist, entwickelt. Das klassische Palm OS wird unter der Bezeichnung **Garnet OS** (z. Zt. in Version 5.4) simultan weitervermarktet.

Medienberichten zufolge soll die Firma Palm selbst die Entwicklung für PalmOS aufgrund von zu hohem Konkurrenzdruck 2009 eingestellt haben. Allerdings unterstützen aktuelle Versionen von webOS mittlerweile über eine Emulationsschicht (MotionApps Classic) ebenfalls Software für Palm OS.

Versionen
Palm OS 1.0
Wird seit 1996 in den Modellen *Pilot 1000* und *Pilot 5000* verwendet. Es enthält eine Adress-, eine Kalender-, eine Aufgaben- und eine Merkzettelanwendung, außerdem einen Rechner und eine Sicherheitsanwendung.

Palm OS 2.0
Wird ab 1997 für die Modelle *PalmPilot Personal*, *PalmPilot Pro* und den *IBM WorkPad* verwendet. Neue Features sind die Hintergrundbeleuchtung, ein Finanzprogramm und eine Mailanwendung. Implementiert ist ein TCP/IP-Stack und IEEE-Gleitkommazahlen.

Palm OS 3.0
1998 wurden die Modelle *Palm III* und *IBM WorkPad II* mit Infrarotschnittstelle ausgestattet.

Palm OS 3.1
1999 wurden die Geräte *Palm IIIx*, *Palm IIIe* und *Palm V* mit verbessertem Bildschirm und schnellerer CPU ausgestattet. Es werden erstmals Akkus und beim *Visor* des Unternehmens Handspring auch ein Steckkartenanschluss unterstützt.

Palm OS 3.2
Der *Palm VII* hat ein Funkmodem. Dieses funktioniert nur mit dem 900Mhz-Netzwerk von Mobitex, das sich in Europa außerhalb von Belgien, Luxemburg und den Niederlanden gegenüber GSM nie etablieren konnte.

Palm OS 3.3
Das Modell *TRG Pro* von Handera besitzt eine CompactFlash-Schnittstelle. Ferner gibt es ein kostenloses Update für Palm III, Palm IIIx und Palm V. Änderungen zur Version 3.1 waren hauptsächlich eine Unterstützung des Euro-Symbols, schnellere HotSync-Operationen und erweiterte Infrarotunterstützung.

Palm OS 3.5
Im März 2000 bietet der *Palm IIIc* erstmals ein 256-Farben-Display. Die Geräte *Palm IIIxe* und *Palm Vx* können 16 Graustufen darstellen, dafür hält der Akku viel länger. Palm OS 3.5 ist standardmäßig auf Palm V und Vx installiert, aber die beiden Typen können auch auf Palm OS 4.1 erhöht werden.

Palm OS 3.5.1
Version für den *Palm m100* im August 2000. Erstmals wird die Anwendung "Notizen" verwendet, die im Gegensatz zur Merkzettelanwendung handschriftliches Notieren erlaubte (vgl. DiddleBug u. a.).

Palm OS 3.5.2
Version für den *Handspring Visor*.

Palm OS 3.5.3
Der *PEG S300* von Sony wird mit Jogdial (ein Drehrad) und Memorystick verkauft. Das Model *Handera 330* hat ein 240×320-Punkte-Display. Der *Handspring Treo* ist ein PDA mit eingebautem GSM-Mobiltelefon, optional mit Tastatur.

Palm OS 4.0
Die Geräte *Palm m500* und *Palm m505* sind mit USB, Steckplätzen für MMC- und SD-Karten und Vibrationsalarm ausgestattet.

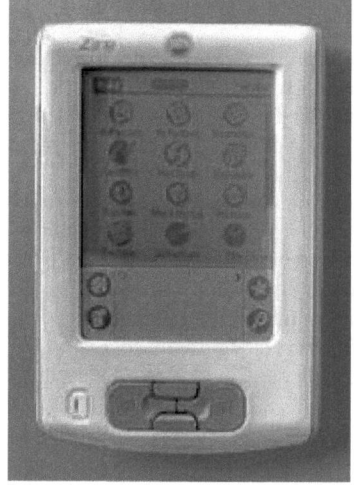

Zire m150 (2002)

Palm OS 4.1
Wird bei den Geräten *m130*, *m515*, *Zire m150* und bei der *Fossil Palm os Uhr* eingesetzt, sowie beim *Sony Clié NR70V*, *N770C/E* und *PEG-T675C*.

Palm OS 4.1.1
Für den *Tungsten W*, einen PDA mit Handy-Funktion (Smartphone).

Palm OS 4.1.2
Spezielle Version für das GSPDA-G18-Smartphone (in Deutschland als Quelle-Universum-Handy erhältlich). Diese Version verwendet die neue Graffiti-2-Schrift und unterstützt das 160×200-Pixel-Display mit virtuellem Graffiti-Feld.

Palm OS 5.0
Ab dieser Version werden nur noch die ARM-Prozessoren, etwa von Texas Instruments und Intel unterstützt. Durch

den Umstieg vom Motorola Dragonball auf den ARM musste auch das Betriebssystem von Grund auf überarbeitet und auf die neue Architektur angepasst werden. Programme für den alten Prozessor laufen jedoch in Emulation wie gehabt weiter. Die neue Systemarchitektur bringt einen großen Geschwindigkeitszuwachs sowie zusätzliche Erweiterungsmöglichkeiten wie Sound, Bluetooth oder Bildschirme mit hoher Auflösung. Der erste Handheld mit OS5 ist der *Tungsten T*. Das Betriebssystem Palm OS 5.0 arbeitet wie von den alten Modellen bekannt mit der Graffiti-1-Eingabe.

Palm OS 5.2.1
Der *Zire 21* hat noch ein Graustufendisplay mit einer Auflösung von 160×160 Punkten, doch der *Zire 71* hat ein 320×320-Farbdisplay, eine eingebaute Kamera und spielt MP3-Musik.
Der Office-PDA *Tungsten T2* hat zwar keine Kamera, kommuniziert aber zusätzlich über Bluetooth und spielt ebenfalls MP3-Dateien ab.
Der *Tungsten C* besitzt auch noch eine Tastatur und eine Wireless LAN Schnittstelle (IEEE 802.11b).
Der *Tungsten T3* besitzt zusätzlich ein aufschiebbares 320×480-Pixel-Display. Beim *Tungsten E* und *Tungsten T3* hat der Hersteller die Standardapplikationen überarbeitet.
Zu den Neuerungen zählen unter anderem neue Felder (Geburtstag, Website, Messenger und neun statt vier benutzerdefinierte Felder) in den Adressen, die jetzt Kontakte heißen, farbig unterschiedene Kategorien im Kalender und die Erweiterung der Merkzettel auf 32 KB, statt bisher 4 KB.
Der letzte Sony Clie, der VZ90 sowie sein Vorgänger, der TH55, verwendeten OS5.2.1.

Palm OS 5.2.8
Der *Zire 31* und *Zire 72* haben die neuen Standardapplikationen des *Tungsten E* und *Tungsten T3* und zusätzlich noch die Möglichkeit eines Kontaktfotos.
Beide Geräte haben ein Farbdisplay, der *Zire 31* mit 160×160 Pixel und der *Zire 72* mit 320×320 Pixel.
Der Zire 72 verfügt auch über Bluetooth und eine 1,2-Megapixel-Kamera. Palm OS 5.2.8 arbeitet zur Texteingabe mit Graffiti 2. Dazu ist das Erlernen einer etwas veränderten Eingabe nötig, diese erleichtert das Schreiben von Umlauten sowie Groß- und Kleinschreibung, ist aber im ständigen Gebrauch etwas langsamer als Graffiti 1.

Palm OS 5.4 (Garnet)
Tungsten T5 und Treo 650 verwenden erstmals einen nichtflüchtigen Speicher, der auch nach längerer Zeit mit leeren Batterien keine Daten verliert. Dies erforderte einige fundamentale Änderungen am Betriebssystem, das früher nur für RAM-Speicher ausgelegt war. Der Tungsten T5 hat zusätzlich 160 MB internen Speicher für Daten aller Art, der über USB als Wechsellaufwerk an PCs angeschlossen werden kann. Erstmals werden bei letzterem Gerät neue Anwendungen mitgeliefert: In den „Favoriten" können auf vier Seiten je acht Anwendungen, Dateien, Ordner oder Internetseiten abgelegt werden. Das Programm „Dateien" kann auf dem internen Laufwerk Dateien löschen, umbenennen, kopieren oder verschieben und neue Ordner erstellen.
Der Tungsten E2 hat einen schnelleren Prozessor als der Tungsten E, ein Display mit höherer Farbtiefe, eine Anschlussleiste statt eines USB-Steckers, Bluetooth sowie eine verbesserte Akkulaufzeit.
Mit dem LifeDrive von Palm ist erstmals ein Palm-OS-PDA mit eingebauter Festplatte und WLAN erhältlich.

Palm OS 6 (Cobalt)
PalmSource gab im Februar 2004 auf der US-Entwicklerkonferenz erste Details zum neuen Palm OS 6 bekannt. Alle Palm-OS-6-Versionen firmieren unter dem Namen *Cobalt*. Gleichzeitig fasste man alle Palm-OS-5-Versionen nun unter dem Markennamen Garnet (zu Deutsch: **Granat**) zusammen, das auch zukünftig eine Rolle für günstigere Handhelds und Smartphones spielen sollte, unter anderem auch aufgrund eines geringeren Ressourcenhungers. Die Neuerungen von Palm OS 6 sind beispielsweise Multitasking, native Unterstützung für ARM, Speicher- und Prozessschutz sowie verbesserte Multimedia- und Sicherheitsfunktionen. Zwar bot schon Palm OS 5 Multitasking, doch wurde dies nie dokumentiert, weshalb diese Funktion bislang ungenutzt brach lag.
Trotz der vielen Neuerungen in Palm OS 6 Cobalt nahm sich kein Hersteller des Systems an - weder Smartphones noch PDAs (bis auf einen GSPDA-Prototyp), wurden produziert, die unter diesem System laufen. Palm OS Cobalt ist deshalb nur in Simulatoren zu begutachten. Mittlerweile ist nicht mehr zu erwarten, dass Geräte mit Palm OS Cobalt erscheinen, da mit dem System unerwartet Probleme auftauchten und der jetzige Hersteller des Betriebssystems (Access) an einem neuen Projekt, der Access Linux Platform, arbeitet.

Nachfolgebetriebssysteme
Auf Basis von Linux hat Access die Access Linux Platform entwickelt, nach wie vor wird allerdings das klassische Palm OS wird unter der Bezeichnung *Garnet OS* weitervermarktet.
Parallel zu Palmsource/Access entwickelte auch Palm ein Nachfolgesystem für das immer noch nicht abgelöste Palm OS 5.x. Als Entwicklungsname wurde *Palm OS II* oder *Nova* genannt. So wie ALP von Access setzt auch das neue Betriebssystem von Palm auf Linux als Plattform. Mit dem ersten Gerät, dem Palm Pre wurde dann die Bezeichnung webOS lanciert.
Beide Nachfolgebetriebssystems unterstützen auch einen Teil der Software für Palm OS über unterschiedliche Emulationsebenen.

Bedienung

Palm OS auf dem Treo 650

Für die Eingabe von Daten wird beim Palm OS eine Art Handschrifterkennung auf Buchstabenbasis, Graffiti genannt, verwendet. Dabei werden im unteren Teil des Displays zwei aufgedruckte rechteckige Flächen benutzt: links für Buchstaben und rechts für Ziffern, teilweise noch unterteilt in Groß- und Kleinschreibung. Neue Palm-Modelle können diesen Bereich ausblenden (*Virtual Graffiti/Dynamic Input Area, DIA*) und dadurch die Displayfläche vergrößern.

Die Daten werden mit einem Stift als einzelne Zeichen eingegeben, es gibt aber auch softwareunterstützte Handschrifterkennung für ganze Wörter. Optional steht noch eine Bildschirmtastatur zur Verfügung. Für längere Eingaben sind auch externe Tastaturen erhältlich (von Handytastatur- bis PC-Größe), die über Kabel, Infrarot oder Bluetooth angeschlossen werden können. Die Treo-Reihe verfügt über eine vollständige QWERTZ, QWERTY oder AZERTY-Tastatur auf dem Gerät, die mit dem Daumen bedient werden kann.

Unten am Gehäuse befinden sich noch vier zusätzliche Tasten. Damit werden standardmäßig die Anwendungen Kalender, Adressbuch, Aufgaben und Merkzettel gestartet. Dazwischen ist noch eine Art Wippschalter angebracht, mit dem innerhalb von Anwendungen geblättert werden kann. Bei den neueren Geräten von Palm gibt es eine 5-Wege-Navigationstaste, mit der man auf viele Informationen ohne Stift zugreifen kann.

Datenbanken

Daten werden im Palm OS nicht wie unter Desktop-Betriebssystemen in Ordnern und Dateien, sondern in sogenannten Datenbanken abgelegt. Diese befinden sich alle auf der gleichen Ebene im RAM-Speicher. Wenn diese Datenbanken auf den PC überspielt werden, haben sie die Endungen. prc (für Palm-Resource, in der Regel für Anwendungen verwendet) oder. pdb (für Palm Database, in der Regel für Daten verwendet). Es gibt also zwei verschiedene Arten von Datenbanken im Palm OS: Ressource-Datenbanken und Record-Datenbanken. Der Header einer Datenbank gibt Auskunft über *type* und *creator*, sowie das Datum von Installation, letzter Änderung und letzter Sicherung.

Alle Datenbanken werden im *Storage Heap* abgelegt. Dieser Bereich wurde früher physisch im RAM, bei den Standardanwendungen auch im ROM abgebildet. Aktuelle Modelle verwenden an dieser Stelle teilweise nicht-flüchtigen Flash-Speicher.

Resource-Datenbanken

Im Header ist hier als Typ meistens *type* **appl** oder **ovly** eingetragen. In ihnen werden die Programme von Palm OS in Form von *Ressourcen* gespeichert. Dazu gehören zum Beispiel Code, Bitmaps, Menüs, Forms, Alerts.

Das Header-Feld *creator* enthält für jede Anwendung eine weltweit eindeutige Zeichenfolge (4 Zeichen lang), die auch die Verknüpfung zu den Record-Datenbanken der Anwendung ist, so dass zum Beispiel die Daten automatisch mit der Anwendung gelöscht werden können. Diese vier Zeichen langen Creator-IDs werden von Palm zentral vergeben und verwaltet und Entwickler können jederzeit kostenlos weitere Creator-IDs beantragen.

Record-Datenbanken

Sie sind meist vom *type* **DATA** oder, je nach Anwendung, von einem benutzerspezifizierten Typ. In ihnen werden die Daten der Anwendungen in *Records* gespeichert.

Kommunikation

Die älteren Versionen von Palm OS kommunizieren ausschließlich über eine serielle Schnittstelle mit maximal 115200 bit/s. Dies wird vor allem für die Synchronisation mittels Hotsync oder für den Anschluss von Zubehör (z. B. Tastaturen) verwendet. Neuere Geräte unterstützen die Kommunikation über eine USB-Schnittstelle.

Für den Datentransfer von Palm zu Palm ist die Infrarotschnittstelle nach dem IrDA-Standard bestens geeignet. Der Palm kann auch mit der Infrarotschnittstelle eines Handys kommunizieren, um z. B. SMS zu versenden. Dazu braucht man aber auf dem Palm spezielle Programme.

Mit geeigneten Peripheriegeräten wie Modems (jedes beliebige Modem kann über die serielle Schnittstelle angesteuert werden) oder Handys kann man auch mit dem Palm auf das Internet zugreifen und Mails lesen oder im Web surfen (geeignete Programme wie z. B. Palm Web Browser und Palm VersaMail vorausgesetzt).

Die aktuellen Geräte (Tungsten T5, T|X, Zire 72, Treo 650 und LifeDrive) sowie der Tungsten T, T2, T3 und der Zire 72 funken per Bluetooth. Der Tungsten C sowie das LifeDrive und der T|X klinken sich auch in WLANs (IEEE 802.11b) ein.

Datensicherung

Die Datensicherung der Handhelds geschieht über HotSync mit einem Windows-PC, Macintosh oder Linux-Rechner. Dazu wird das Gerät in seine Dockingstation gestellt oder ans HotSync-Kabel angeschlossen und die Hotsync-Taste gedrückt. Dabei werden die Datenbanken von Handheld und PC synchronisiert, sprich es wird jeder Eintrag am Palm mit dem in der Desktopsoftware am PC (Palm Desktop oder andere PIM-Programme) verglichen und bei Bedarf aktualisiert. Es ist also auch möglich, die Daten auf dem PC zu ändern. Neue Programme werden während dieses Vorgangs im Handheld installiert.

Seitdem Palm OS zusätzliche Speicherkarten unterstützt, ist die Möglichkeit einer Datensicherung auf einer solchen Karte gegeben. Der Vorteil gegenüber HotSync besteht darin, dass dies auch unterwegs stattfinden kann, man also nicht an einen Computer gebunden ist.

Programmiertools & IDEs

- AppForge
- CASL
- Free Pascal (in Entwicklung)
- Handheld Basic (HB++)
- HotPaw Basic
- HSPascal
- LispMe
- LyME (Programmiersprache für Mathematik)
- Metrowerks CodeWarrior
- NS Basic
- OnBoardC
- OrbForms Designer
- Palm OS Developer Suite (PODS)
- PalmOS Pascal (Pascal-Compiler, der direkt auf PalmOS läuft)
- PocketC
- PocketStudio
- SmallBasic
- prc-tool (gcc für Palm OS)
- Palmphi (relativ neue, freie IDE, setzt gcc für Palm OS voraus)

Software

Für Palm OS gibt es weit über 10.000 Anwendungen (E-Books, Office, Spiele, Tools, Wörterbücher etc.) von einigen tausend unabhängigen Software-Entwicklern (Independent Software Vendor) weltweit. Die Palm Geräte werden mit Palm Desktop als Personal Information Manager für den Desktop ausgeliefert.
Von „http://de.wikipedia.org/wiki/Palm_OS"

Palm Pilot

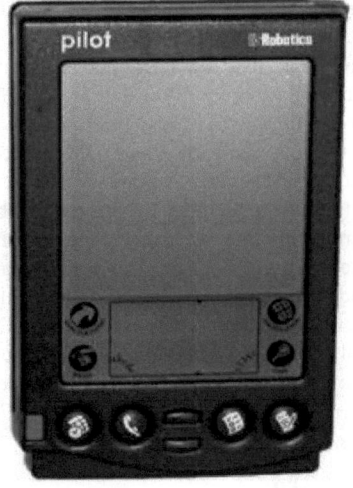

Palm Pilot 5000

Palm Pilot ist der Name des ersten Personal Digital Assistant der Firma Palm aus dem Jahr 1996.

Aufgrund eines Markenrechtsstreits mit der Firma *Pilot Pen* erhielt die ab 1997 erhältliche zweite Generation den Namen PalmPilot. Ab 1998 trugen die Geräte nur noch den Namen Palm gefolgt von einer römischen Ziffer, etwa Palm III. Die große Verbreitung der Palm Pilots zu Beginn des PDA-Zeitalters (Palm hatte bis Ende 1996 350.000 Stück verkauft) hatte dazu geführt, dass *Palm Pilot* zu einem Synonym für PDA wurde.

Der Palm Pilot verfügte über keine Tastatur, sondern wurde ausschließlich mit einem Stift bedient. Als Prozessor kam der Motorola Dragonball zum Einsatz und als Betriebssystem wurde das eigens für den Pilot entwickelte Palm OS verwendet.

Den Pilot gab es anfangs in den beiden Varianten *Palm Pilot 1000* (256 kB RAM) und *Palm Pilot 5000* (512 kB RAM). Ab 1997 gab es die beiden Modelle *PalmPilot Personal* und *PalmPilot Professional*. Ebenfalls seit 1997 wurde von IBM Palm Pilots in Lizenz gefertigt und unter dem Namen *WorkPad* vermarktet.

Die Abmessungen betrugen 120mm x 80mm x 15mm und Gewicht betrug 160g (mit 2 AAA Batterien).
Von „http://de.wikipedia.org/wiki/Palm_Pilot"

Palm Treo

Treo 300

Treo ist ursprünglich eine Produktfamilie von Smartphones auf Palm-OS-Basis der Firma Handspring. Nach der Fusion von Handspring mit Palm, Inc. zu palmOne erfolgt die Entwicklung unter der Regie von palmOne (jetzt wieder unter dem Namen Palm). Neuere Treo-Modelle aus dieser Zeit benutzen neben dem hauseigenen Palm OS auch das Windows Mobile-Betriebssystem.

Treo 90

Der Treo 90 war der letzte „reine" Organizer von Handspring (ohne Telefon). Er bot als erstes Gerät nach dem Prism wieder ein Farbdisplay, diesmal mit 4096 Farben. Dank eines etwas kleineren Displays konnten Ausmaße und Gewicht des PDAs reduziert werden: 113 Gramm bei 10,8 cm × 7,1 cm × 1,6 cm. Besonderheiten des Gerätes waren die für einen Palm-OS-PDA noch ungewöhnliche Tastatur wie bei den Smartphone-Modellen, die Frontklappe mit Fenster fürs Display und der Wechsel hin zu einem SD-Card-Slot (mit Springboard-Slot wären die kompakten Ausmaße nicht zu erreichen gewesen). Als erstes Handspring Gerät hatte der Treo 90 Palm OS 4.1 zu bieten, während auch spätere Modelle noch mit der 3.5er Version erschienen. Eine Neuheit, die auch in späteren Treos zu finden ist, war das Telefonbuch, in dem man erstmals Nummern durch Eingeben der ersten Buchstaben eines Namens finden konnte.

Treo 180/180g

Die Geräte Treo 180 und 180g erschienen Anfang 2002. Diese hatten ein eingebautes Dualband GSM-Mobiltelefon. Während der Treo 180 den Schritt hin zu einer kleinen aber vollständigen Tastatur wagte, kam der 180 g für „konservative" Graffiti-Nutzer ohne aus. Das machte sich unter anderem im Gewicht (140 Gramm statt 147 Gramm beim 180er) bemerkbar, nicht jedoch bei den Ausmaßen (beide 10,8 cm × 7,1 cm × 2,1 cm). Die Ausstattung mit Palm OS 3.5.2H4, 16 Graustufen bei 160×160 Pixeln, 33 MHz CPU und Lithium-Ionen-Akku entsprach früheren PDAs. Herausragend waren jedoch die Telefoniefunktionen, die Handspring integrierte – sogar eine Freisprecheinrichtung gab es im ersten Treo-Smartphone. Die 180er Serie der Treos waren die ersten in Deutschland erhältlichen Palm-OS-Smartphones. Qualitätsprobleme (Mängel in der Verarbeitung, hohe Ausfallquote) verhinderten den Durchbruch des Smartphones, auch konnte kein Partner bei den großen Mobilnetzbetreibern gefunden werden – entsprechende Ankündigungen von Seiten Viag Interkom wurden nicht umgesetzt. GPRS funktioniert noch nicht von Haus aus, wurde jedoch später von Handspring als kostenloses Update nachgeliefert.

Treo 270/300

Der Treo 270 entsprach von den Leistungsdaten her dem etwa 1/4 Jahr zuvor erschienenen Treo 180, kam jedoch mit dem Farbdisplay, das auch im Treo 90 Einsatz fand. Außer einem etwa 5 Gramm höheren Gewicht als der 180er sind kaum Unterschiede festzustellen. Die Geräte wurden allerdings mit einem leistungsstärkeren Akku ausgestattet, so dass sich die Betriebsdauer beim Wechsel vom Schwarz-Weiß- zum Farbdisplay nicht wie damals üblich verschlechterte, sondern deutlich verbesserte. Die Version Treo 300 war ein CDMA2000-Modell und somit für den deutschen Markt uninteressant. Auch für den Treo 270 konnte kein Mobilnetz-Partner gefunden werden. Die Produktion des Treo 270 wurde im Sommer 2004 eingestellt und der Support leidet bis heute unter der direkt danach erfolgten Fusion von Handspring mit Palm zu palmOne: Supportseiten existieren nicht mehr oder werden auf die Startseite von palmOne umgelenkt, die SDKs für Software-Entwickler sind schwierig zu finden etc.

Treo 500/500v

Der Treo 500v ist das erste und einzige Gerät von Palm ohne Touchscreen. Es hat eine QWERTZ-Tastatur und läuft mit dem Betriebssystem Windows Mobile 6 Standard. Es war als "kleiner" Bruder des Treo 750 gedacht.

Technik

Gewicht (mit Akku): 120 gr
Maße in mm (ohne Antenne): 61,4 x 109,9 x 16,8
Akku-Kapazität (Herstellerangaben in Std.):
GSM: Gesprächszeit 4,5 | GSM: Stand-by-Zeit 240 | UMTS: Gesprächszeit 4,5 | UMTS: Stand-by-Zeit 240
Li-Ionen-Akku
Triband, GPRS, UMTS
Bluetooth: 2.0 + EDR
Datenrate Empfangen und Senden (Herstellerangabe): 384 Kbit
Mobile TV via UMTS
Display: 320 x 240 px (=49,5 x 37,1mm), 65.536 Display-Farben, kein Touchscreen
Kamera: Auflösung Fotos: 1,9 MP, digitaler Zoom: 2,4 | Auflösung Videos: 320 x 240 px
2,5mm Klinkenbuchse für Kopfhörer
Speicherkapazität intern: 128 MB, microSD-Kartenslot (unter Akku)

Treo 600

Das letzte Gerät von Handspring überhaupt sollte wieder ein Smartphone sein. Im Unterschied zu allen anderen Modellen der Treo-Reihe hatte der Treo 600 keine Klappe und lief auf Palm OS 5 (Garnet, genauer: 5.2.1H) Als Quadband Mobiltelefon ist das Treo 600 fast überall auf der Welt einsetzbar. Als erstes Smartphone von Handspring bot es einen SD-Erweiterungsslot, wie ihn sonst nur noch der Treo 90 besitzt (s. o.). 32 MB RAM und 144 MHz Prozessor sorgten für deutlich kürzere Latenzzeiten beim Wechsel zwischen Applikationen und beim Tippen. Der 5-Wege-Navigator vereinfachte die Bedienung, mit der integrierten Digitalkamera lassen sich immerhin Schnappschüsse machen (oder zum Beispiel die Umgebungshelligkeit messen und die Hintergrundbeleuchtung entsprechend einstellen). Mit 168 Gramm war der Treo 600 kein Leichtgewicht, lag aber dank des runden Gehäuses angenehm in der Hand. Abmessungen: 11,2 cm × 6 cm × 2,2 cm, immerhin konnte Handspring das Gerät also schmaler machen. Aufgrund enorm hoher Preise und sehr später Einführung in Europa blieb auch diesem Gerät der ganz große Durchbruch versagt. Technisch konnte er mit den aktuellen Geräten der Konkurrenz nicht ganz mithalten, so fehlten auch beim Treo 600 ein hochauflösendes Display und eingebaute Bluetooth-Schnittstelle (der Datenaustausch musste via USB-Kabel erfolgen). Diese Mängel wurden beim Nachfolger Treo 650 beseitigt, der aber bereits unter der Regie von palmOne erschien.

Treo 650

Treo 650 CDMA

Der *Treo 650* ist seit dem 4. Quartal 2004 in den USA auf dem Markt (Verkauf bis Ende 2004 nur durch die US-Telefongesellschaft Sprint) und besitzt im Gegensatz zu den Vorgängern unter anderem ein hochauflösendes Display (320×320 Pixel), Bluetooth-Unterstützung, EDGE, nichtflüchtiges RAM (NVFS), einen schnelleren 312-MHz-Prozessor und eine verbesserte VGA-Digitalkamera. In den USA ist auch eine CDMA2000-Version des Treo 650 verfügbar.

In Deutschland war das Gerät seit dem 10. März 2005 auf dem Markt. Nach der Vorstellung des Geräts in einem Artikel auf Golem.de war zunächst lange spekuliert worden, ob das Smartphone überhaupt von einem der vier deutschen Mobilfunknetzbetreiber angeboten werden würde. Seit Sommer 2005 war der Treo 650 dann bei e-Plus zu bekommen.

Weil das Smartphone Stoffe enthält, die nach der bereits im Januar 2003 verabschiedeten europäischen RoHS-Verordnung nicht mehr erlaubt sind, darf es seit dem 1. Juli 2006 in Europa nicht mehr vertrieben werden. Ausgenommen von diesem Verbot bleiben nur alte Lagerbestände.

Die Verwaltung des neu eingeführten nichtflüchtigen Speichers mittels NVFS sorgte direkt nach dem Verkaufsstart für Negativschlagzeilen (Heise-Newsticker): Der Treo 650 speicherte Daten wesentlich ineffizienter als das nominell gleichwertig ausgestattete Vorgängermodell Treo 600, so dass für den Anwender weniger Arbeitsspeicher zur Verfügung stand. Palm legte darauf hin bei etlichen Käufen eine 128 MB SD-Karte bei und stellte schließlich einen Patch bereit, der das Problem endgültig löste.

Treo 680

Treo 680

Der *Treo 680* wurde am 12. Oktober 2006 als Low-End-Modell vorgestellt. Er verfügt über folgende Daten:
- Palm OS 5.4.9 (Garnet)
- 65.536 Farben
- VGA-Kamera 640×480
- Intel XScale 312-MHz-Prozessor
- RAM: 64 MB
- GSM/GPRS/EDGE (Quadband)
- SD-Kartenslot hoher Kapazität
- Bluetooth 1.2
- Gewicht: 157 Gramm
- Stromversorgung Lithium-Ionen Akku 3,7 V, 1200 mAh

Optisch ähnelt das Smartphone dem 750v (also insbesondere ohne Antennenstummel); außerdem ist es (zumindest in den USA) in vier Farben verfügbar. Obwohl es nicht als Nachfolger des Treo 650 vorgestellt wurde, wird der Treo 680 nach dem Verkaufsstop des 650er in Europa (s. o.) als Nachfolger betrachtet. Die meisten Änderungen sind optischer Natur, Ausnahmen sind unter anderem der größere Speicher, Bluetooth 1.2 statt 1.1 und die optischen Verbesserungen. Leider ist die Akkulaufzeit weit hinter dem des Treo 650 – auch nach einem Softwareupdate. Prinzipiell sollten mit dem Treo 680 Kunden angesprochen werden, welche bis jetzt noch kein Smartphone gekauft hatten bzw. kaufen wollten.

Als Kritikpunkte wurden nach der Präsentation die fehlende WLAN- und UMTS-Unterstützung (auch nicht nachrüstbar) genannt; weiterhin ist auffällig, dass Palm weiterhin das PalmOS 5 verwendete. Hierbei darf allerdings nicht vergessen werden, dass WLAN und UMTS in einem Smartphone bisher kaum verfügbar waren und das PalmOS gegenüber der Originalversion deutlich erweitert wurde.

Anfang 2008 wurde von Palm ein Firmware-Update für den Treo 680 bereitgestellt. Dieses aktualisiert etliche Komponenten des Betriebssystems. In den meisten Anwendungsfällen ergibt sich durch das Update eine verbesserte Akkulaufzeit und Zuverlässigkeit des Geräts. Zudem wurden einige bereits zuvor veröffentlichte Aktualisierungen und Patches aufgenommen, etwa die Unterstützung von Direct-Push bei Exchange-Active-Sync-Konten im E-Mail-Client.

Unmittelbar nach dem Treo-680-Update auf Version 2.12 brachte Palm den Centro für GSM-Netze auf den Markt. Dieser bietet im Wesentlichen die Funktionalität des Treo 680, allerdings in einem deutlich kleineren Gehäuse.

Treo 700w

Der *Treo 700w* wurde am 25. September 2005 vorgestellt und ist seit dem 5. Januar 2006 in den USA beim Mobilfunkprovider Verizon verfügbar. Im Gegensatz zu den anderen Treo Modellen ist er bisher nur in einer Version für das amerikanische CDMA2000-Netz erhältlich. Es ist unklar, ob jemals eine GSM-Variante verfügbar sein wird. Als erster Organizer von Palm verwendet der Treo 700w Windows Mobile 5.0 statt Palm OS. Die Gründe für den Betriebssystemwechsel wurden nicht bekanntgegeben, allerdings ist zu vermuten, dass seitens der Provider ein Smartphone mit dem Windows-Betriebssystem (welches hinsichtlich der Marktanteile Palm OS inzwischen überholt hat) und der guten Bedienung des Treos gewünscht wurde.

Die technischen Daten sind für ein Windows Mobile Smartphone gut, verglichen mit aktuellen Windows Mobile Handhelds aber bescheiden:
- 240×240-Pixel-TFT
- Intel-XScale-312-MHz-Prozessor
- 128 MB RAM (62,95 MB Arbeitsspeicher, 25,45 MB Programmspeicher), nicht-flüchtig
- Bluetooth 1.2
- 1,3-Megapixel-Kamera
- Schnittstelle für MMC-, SD- oder SDIO-Karte
- CDMA2000 EVDO, 1800/900 MHz

Treo 700p

Treo 700p CDMA

Auch der *Treo 700p* ist bislang nicht als GSM-Version verfügbar. Er verfügt über folgende Eigenschaften:
- Palm OS 5.4.9 (Garnet)
- 320×320 Pixel TFT
- Intel XScale 312 MHz Prozessor
- 128 MB nichtflüchtiger Speicher
- Bluetooth 1.2
- 1,3-Megapixel-Kamera (Videos 352×288)
- Schnittstelle für MMC-, SD- oder SDIO-Karte
- CDMA2000 EVDO, 1800/900 MHz
- Die Palm-WiFi-Karte wird nicht unterstützt.

Treo 750/750v

Vom *Treo 750* gibt es zwei Varianten: den „normalen" Treo 750 und den von Vodafone gebrandeten 750v.
- Codename Lennon
- Windows Mobile 5.2 Pocket PC Phone Edition
- 65.536 Farben
- 1,3-Megapixel-Kamera
- Samsung SC32442A 300 MHz
- Flash ROM: 128 MB
- RAM: 64 MB
- GSM/GPRS/EDGE/UMTS
- MiniSD
- Bluetooth 1.2

Treo 800w

Den Treo 800w gab es nur für etwa 6 Monate in den USA als CDMA-Gerät.
- Windows Mobile 6.1 Professional
- 2,4-Zoll-Display, 320×320 Pixel
- 65.536 Farben
- 2-Megapixel-Kamera
- TI-Omap-2430-Prozessor 333 MHz
- ROM: 256 MB
- RAM: 128 MB (SDRAM)
- CDMA2000 EVDO, 1800/900 MHz
- MicroSDHC, SDIO
- GPS-Modul, WLAN IEEE 802.11g, Bluetooth 2.0
- Größe: 58×112×19 mm
- Gewicht: 140 g

Centro

Am 27. September 2007 stellte Palm in den USA den *Centro* vor. Es handelt sich um ein mit dem Treo 680 nahezu identisches Gerät, abgesehen davon, dass es etwas kleiner ist und die Kamera eine höhere Auflösung bietet. In Deutschland ist der Palm Centro seit März 2008 erhältlich. Insbesondere die Software wurde nicht wesentlich verändert, allerdings wird der Kartendienst Google Maps mitgeliefert. Weil der Centro aber kein WLAN hat, wird er eine Positionsbestimmung (außer über externe GPS-Empfänger) nur anhand von GSM-Funktürmen durchführen können.

Auch der Centro korrigiert das Bild von Palm nicht, wonach das Unternehmen seit Jahren eine mehr oder minder unveränderte Hard- und Softwareplattform anbietet (wenn auch mit laufenden Preisreduktionen), und wonach das ehemals sehr innovative Unternehmen nicht mehr in der Lage ist, der Konkurrenz auf dem Smartphone-Markt durch wirkliche Neuentwicklungen Paroli zu bieten.

Im Januar 2009 stellte Palm jedoch das smartphone Palm Pre mit dem völlig neu konzipierten Betriebssystem WebOS vor.

Den Treo Pro gab es als "Treo 850" in den USA als CDMA-Gerät.
- Windows Mobile 6.1 Professional
- 2,4?-Zoll-Display, 320×320 Pixel
- 65.536 Farben
- 2-Megapixel-Kamera mit Video-Aufnahme
- Qualcomm® MSM7201 400 MHz
- ROM: 256 MB (100 MB frei)
- RAM: 128 MB (SDRAM)
- Radio, HSDPA/UMTS/EDGE/GPRS/GSM
- Triband-UMTS – 850, 1900, 2100 MHz
- Quadband-GSM – 850, 900, 1800, 1900 MHz
- in den USA CDMA2000 EVDO, 1800/900 MHz
- Wi-Fi 802.11b/g mit WPA, WPA2, 801.1x-Authentifizierung
- MicroSDHC
- GPS-Modul, WLAN IEEE 802.11g, Bluetooth 2.0
- Größe: 58×112×13 mm (2,36"×4,49"×0,53")
- Gewicht: ca. 140 g (4,69 oz)

Von „http://de.wikipedia.org/wiki/Palm_Treo"

PocketC

PocketC ist ein einfacher Dialekt der Programmiersprache C für Palm-OS-PDAs. Die Programme können auf dem Handheld erstellt werden. Die Quelltexte werden in einen Bytecode übersetzt der auch mit einer Freeware-Runtime auf anderen Palm-OS-Geräten ausgeführt werden kann. Es gibt aber auch eine Desktop-Version von PocketC.

Es werden viele Betriebssystemfunktionen unterstützt, wie Grafik, Sound, Tastenabfrage, Speicherkartenzugriffe und Ereignisabfrage. Ein Vorteil von PocketC liegt in der Möglichkeit, Programmbibliotheken einzubinden, die mit einem Compiler wie den prc-tools erstellt werden können. Dadurch ist es möglich, zeitkritische Funktionen in Maschinencode zu erstellen.

Es existiert auch eine Portierung für Windows CE, diese wird jedoch nicht mehr weiterentwickelt.

Von „http://de.wikipedia.org/wiki/PocketC"

PocketStudio

PocketStudio ist eine integrierte Entwicklungsumgebung für Palm OS und Garnet-OS. Die Software ist ein internationales Projekt, es handelt sich um eine Gemeinschaftsentwicklung der Pocket Technologies Inc. (USA) zusammen mit winsoft (Slowakei) und brasilianischen Entwicklern. Sie ist in vielerlei Hinsicht ähnlich zur Open-Source-IDE Lazarus und zum populären Delphi für Windows. Die visuelle Programmierumgebung enthält u. A. einen Formulardesigner, einen Objekt-Inspektor und einen Quelltexteditor.

Als Programmiersprache wird ein Pascal-Dialekt benutzt, der durch spezifische Erweiterungen den Besonderheiten des Palm OS angepasst ist.

Zum Debuggen werden der Palm-OS-Emulator POSE oder der Garnet-OS-Simulator eingebunden. PocketStudio läuft unter Windows. Die Software erzeugt PRC-Dateien, die mittels HotSync auf den Palm übertragen werden oder im Internet bzw. auf Datenträger verbreitet werden können.

Literatur

- J. G. Mayer, J. P. Franqueto, Estudo Comparativo entre Linguagens de Programação para Dispositivos Móveis, Monographie der Universidade Tuiuti Do Paraná, 2005 (Portugiesisch)

Von „http://de.wikipedia.org/wiki/PocketStudio"

Android (Betriebssystem)

Das HTC Dream war das erste mit Android betriebene Gerät auf dem Markt.

Android (von englisch *android* ‚Androide') ist ein Betriebssystem wie auch eine Software-Plattform für mobile Geräte wie Smartphones, Mobiltelefone, Netbooks und Tablets, die von der Open Handset Alliance entwickelt wird. Basis ist der Linux-Kernel 2.6. Android ist freie Software und quelloffen. Angaben des britischen Marktforschungsunternehmens Canalys sowie des Marktforschungsunternehmens Gartner zufolge hatte Android als Smartphone-Betriebssystem im vierten Quartal 2010 einen weltweiten Marktanteil von 32,9 Prozent nach 25,5 Prozent im dritten Quartal. Am 14. Juli 2011 gab Google an, dass 550.000 Android-Mobiltelefone pro Tag aktiviert werden.

Allgemeines

Im Sommer 2005 kaufte Google das im Herbst 2003 von Andy Rubin gegründete Unternehmen Android, von dem nur wenig mehr bekannt war, als dass es Software für Mobiltelefone entwickelte und standortbezogene Dienste favorisierte. Am 5. November 2007 gab Google bekannt, gemeinsam mit 33 anderen Mitgliedern der Open Handset Alliance ein Mobiltelefon-Betriebssystem namens Android zu entwickeln. Seit dem 21. Oktober 2008 ist Android offiziell verfügbar.

Als erstes Gerät mit Android als Betriebssystem kam am 22. Oktober 2008 das HTC Dream unter dem Namen *T-Mobile G1* in den Vereinigten Staaten auf den Markt. Dass bereits dieses erste Gerät auf das Global Positioning System zugreifen konnte und mit Bewegungssensoren ausgestattet war, gehörte zum Konzept von Android.

Oberfläche

Android wird über einen Touchscreen bedient und definiere eine Reihe von Hardwaretasten: Die Tasten „Home", „Menü" und „Zurück" bilden die Mindestanforderung. Die Standard-Bedienoberfläche besteht aus drei, fünf oder sieben Startbildschirmen, von denen jeder eine Bildschirmfläche füllt. Den oberen Rand bildet die Informationsleiste, die auf der rechten Seite über Uhrzeit, Feldstärke, Akkustand, Internetverbindung, Bluetooth, WLAN und Synchronisation informiert. Auf der linken Seite tauchen Meldungen von laufenden Programmen, neuen Nachrichten egal welcher Art oder Systemmeldungen auf. Am unteren Rand gibt es die Lasche des Programmstarters (Launcher).

Im Android-Market existieren zahlreiche Programme, die den Standard-Programmstarter ersetzen und die gesamte Oberfläche um weitere Extras erweitern, beispielsweise um mehrere verwendbare Homescreens, ausfahrbare Seitenlaschen mit mehr Platz zum Ablegen von Verknüpfungen oder feste Verknüpfungen in der Lasche des Launchers. Mit Android 2.2 wurde ein neuer Standard-Launcher eingeführt, der eine feste Verknüpfung zur Telefon-Applikation und zum Browser beinhaltet.

HTC liefert seine Android-Geräte fast ausschließlich mit einer veränderten Bedienoberfläche „Sense" aus. Die Unterschiede zur Standard-Oberfläche sind ein veränderter Launcher mit Schaltflächen für das Programmmenü, das Telefon und für das Hinzufügen von Startbildschirmelementen, sieben Startbildschirme, einige teilweise bildschirmfüllende Widgets und ein globales, grünes Farbthema statt des orangefarbenen in der Standardoberfläche.

Ähnlich machen es auch andere große Hersteller wie Motorola mit "MotoBlur", Samsung mit "Touchwiz", oder auch Sony Ericsson mit Anpassungen wie "TimeScape" und "MediaScape".

Architektur

Die Architektur von Android baut auf dem Linux-Kernel 2.6 auf. Er ist für Speicherverwaltung, Prozessverwaltung und die Netzwerkkommunikation zuständig. Außerdem bildet er die Hardwareabstraktionsschicht für den Rest der Software und stellt die Gerätetreiber für das System.

Weitere wichtige Bausteine sind die auf der von Sun Microsystems entwickelten Java-Technik basierende virtuelle Maschine Dalvik und die dazugehörigen Android-Java-Klassenbibliotheken.

Zum Programmieren von eigenen Android-Anwendungen bietet das am 12. November 2007 veröffentlichte Entwicklungssystem (m3-rc20a) 1448 Javaklassen und 394 Schnittstellen. Davon sind 511 Klassen und 128 Schnittstellen Android-spezifisch. In den Paketen java und javax befinden sich 612 bzw. 145 Klassen und 150 bzw. 51 Schnittstellen. Zahlenmäßig nennenswert ist auch der Beitrag des Apache-Commons-Projekts: 128 Klassen und 20 Schnittstellen. Der verbleibende Rest nicht von Google stammender Klassenbibliotheken verteilt sich auf die Pakete org.bluez, org.json, org.w3c.dom und org.xml.sax.

Die Laufzeitumgebung von Android basiert auf der Dalvik Virtual Machine, einer von Google-Mitarbeiter Dan Bornstein entwickelten virtuellen Maschine. Die Dalvik-VM ähnelt funktional der normalen Java-VM, beide führen sogenannten Byte-Code aus. Einer der wesentlichen Unterschiede ist die zugrundeliegende virtuelle Prozessorarchitektur. Die Java-VM basiert auf einem Kellerautomaten; Dalvik-VM hingegen ist eine Registermaschine. Durch die sich unterscheidende Prozessorarchitektur sind die Kompilate normaler Java-Compiler nicht für die Dalvik-VM geeignet, dennoch konnte Google auf die bestehenden Java-Entwicklungswerkzeuge zurückgreifen.

Die meisten modernen Compiler generieren als Zwischencode Kellerautomatencode. Dieser Zwischencode erlaubt es, von der Prozessorarchitektur der Zielplattform zu abstrahieren, der programmiersprachliche Teil wird von der konkreten Prozessorarchitektur getrennt. Da das Prozessormodell des Kellerautomaten besonders einfach ist, wird es üblicherweise für die Übersetzerzwischensprache verwendet. Die meisten realen Prozessoren sind heute aber Registermaschinen, so zum Beispiel die 80x86- und die ARM-Prozessoren. Registerarchitekturen sind oft effizienter, da bei ihr die CPU über eigene besonders schnell zugreifbare Speicherzellen, die Register, verfügt. Dalvik nimmt die Umwandlung des Kellerautomatencodes in die Registermaschinencodes schon zur Übersetzungszeit vorweg. Dafür wird das Werkzeug dx verwendet, „dx" steht für Dalvik Cross-Assembler.

Anwendungen für die Androidplattform werden in der Regel in Java geschrieben, jedoch greifen diese in geschwindigkeitskritischen Bereichen auf zahlreiche in C oder C++ geschriebene, native Bibliotheken zu. Darunter befinden sich neben Codecs für die Medienwiedergabe auch ein Webbrowser auf der Basis von WebKit, eine Datenbank (SQLite) und eine auf OpenGL basierende 3D-Grafikbibliothek.

Um eigene Programme für Android zu entwickeln, benötigt man ein aktuelles Java-SDK und zusätzlich das Android-SDK. Zuerst wird der in Java geschriebene Quelltext mit einem normalen Java-Compiler übersetzt und dann von einem Cross-Assembler für die Dalvik-VM angepasst. Aus diesem Grund können Programme prinzipiell mit jeder Java-Entwicklungsumgebung erstellt werden.

Das Framework setzt auf starke Modularität. So sind alle Komponenten des Systems generell gleichberechtigt (ausgenommen die Virtuelle Maschine und das unterliegende Kernsystem) und können jederzeit ausgetauscht werden. Es ist also z. B. möglich, eine eigene Anwendung zum Erstellen von Kurznachrichten oder zum Wählen von Rufnummern zu erstellen und die bisherige Anwendung damit zu ersetzen.

Versionsverlauf

Neuere Versionen tragen neben der Versionsnummer jeweils den Namen einer Süßspeise.

Vorhandene Software

Logo des Android Market

Im Android Market gibt es mehr als 460.000 Anwendungen (August 2011 - vergleiche 90.000 im Juli 2010). Pro Monat kommen mehr als 39.000 Anwendungen dazu. Er ist damit der am schnellsten wachsende Software-Markt. Im SDK werden zusätzlich eine Reihe von Anwendungen, darunter ein Webbrowser, die Kartenanwendung Google Maps, eine SMS-, E-Mail- und Adressbuchverwaltung, ein Musikprogramm, eine Kamera- und Galerieapplikation, sowie ein Satz von API-Demoanwendungen mitgeliefert.

Erstellte Software kann von den Entwicklern auf dem Android Market angeboten werden. Verkaufen kann man sie dort allerdings nur, wenn man in bestimmten Staaten ansässig ist, beispielsweise in Deutschland oder Österreich. Kostenfreie Software macht etwa 63 Prozent aus.

Neben dem Android Market steht Entwicklern und Endanwendern auch noch eine Reihe anderer Märkte und Plattformen für Android-Software offen.

Telefone mit Android als Betriebssystem

Die folgende Liste zeigt einige offiziell vorgestellte und erhältliche Android-Telefone:

Tablets mit Android als Betriebssystem

Die folgende Liste zeigt einige offiziell vorgestellte Tablet-Systeme mit Android Version 3.x. Nicht aufgeführt werden Tablets, die mit früheren Android-Versionen ausgeliefert werden.

Im ersten Quartal 2010 wurden in den Vereinigten Staaten erstmals mehr Android-Mobiltelefone als iPhones verkauft. Der Marktanteil bei Neugeräten betrug im untersuchten Zeitraum für Google 28 Prozent im Gegensatz zu 21 Prozent bei Apple.

Nach Analysen des Marktforschungsunternehmen iSuppli werden im Jahr 2012 insgesamt 75 Millionen Android-Smartphones verkauft werden gegenüber 62 Millionen iPhones. Im Jahr 2009 waren es gerade einmal 5 Millionen Android-Geräte zu 25 Millionen iPhones (iOS) bzw. nach Angaben der Gartner Inc. 6,8 Millionen zu 24,9 Millionen. 2010 gab es erstmals mit 67,2 Millionen mehr verkaufte Android-Smartphones gegenüber 47,5 Millionen Black-Berry-Geräten und 46,6 Millionen iPhones.

Am 10. Mai 2011 gab Google an, dass 400.000 Android-Mobiltelefone pro Tag ausgeliefert werden (nach 60.000 im Februar 2010, 100.000 im Mai 2010, 160.000 im Juni 2010, 200.000 im August 2010, 300.000 im Dezember 2010 und 350.000 im April 2011). Durch die Entscheidung von Google, sein Betriebssystem Herstellern von Endgeräten kostenlos zur Verfügung zu stellen, wird die Verbreitung von Android weiter gesteigert. Besonders der hohe Anteil an kostenlosen Applikationen macht den Android Market für die Verbraucher attraktiv.

Anfang Oktober 2010 wurde eine Studie des Marktforschungsinstitutes Nielsen vorgestellt, nach der Android seit Mitte 2010 das meistverkaufte Betriebssystem für Smartphones in den USA ist und inzwischen einen Marktanteil von 32 Prozent bei den Neuverkäufen hat. Im Bestand ist der Anteil mit 19 Prozent noch deutlich niedriger, steigt aber sehr schnell.

Wie die Marktforschungsfirma Canalys berichtete, hat Android auf dem US-amerikanischen Markt im dritten Quartal 2010 einen Marktanteil von 43,6 Prozent erzielt. Weltweit hält Android 25,5 % des Smartphone-Marktes, nachdem der Absatz innerhalb eines Jahres von 1,4 auf mehr als 20 Millionen Telefone gestiegen sei.

Portierungen

Da der Quellcode von Android frei verfügbar ist und auch keine rechtlichen Gründe dagegen sprechen, kann es verhältnismäßig einfach auf nahezu jeden ausreichend leistungsfähigen Computer portiert werden. Wenn eine Plattform vom Linux-Kernel unterstützt wird, stehen die Chancen gut, dass die Portierung von Android möglich ist. Es gibt Portierungen für Smartphones, die ursprünglich mit einem anderen Betriebssystem ausgeliefert wurden. Andere Projekte portieren Android für einen handelsüblichen Desktop Computer. Viele dieser Portierungsprojekte werden von einer weltweiten Internet-Entwicklergemeinde vorangetrieben. Die Open Handset Alliance unterstützt diese Projekte mit einer eigenen Portierungsanleitung.

Portierungen für Nicht-Android-Smartphones

XDAndroid

Portierung für Smartphones mit Windows Mobile 6.1 oder 6.5. Die Entwickler kümmern sich vor allem um ältere HTC-Geräte. XDAndroid kann Windows Mobile vollständig ersetzen, alternativ kann eine Dualboot-Konfiguration installiert werden. Mit einer Speicherkarte wird das neue Betriebssystem auf das Gerät eingespielt oder gleich von dort gebootet.

Andromnia

Früher Versuch, Android auf verschiedenen Samsung-Omnia-Geräten zum Laufen zu bekommen. Android startet auf diesen Geräten von einer SD-Card und ändert am Omnia sonst nichts. Die Unterstützung der Hardware ist noch rudimentär.

iPhone

Es gibt mehrere Berichte über erfolgreiche Portierungen von Android auf das Apple iPhone. Teilweise sind auch Quellcodes veröffentlicht worden, mit denen man selbst Versuche anstellen kann. Alle diese Entwicklungen befinden sich noch in einem sehr frühen, experimentellen Entwicklungsstadium.

Experimentelle Versuche mit dem Samsung Jet (S8000)

Portierung von Android auf das Samsung Jet („Jetdroid").

Openmoko

Weitestgehend erfolgreich und mit nur kleineren Einschränkungen gibt es auch eine Portierung von Android auf das freie Smartphone Openmoko des gleichnamigen Herstellers, das ursprünglich das Ziel hatte, die Entwicklung von freien und offenen Smartphones (sowohl hard- als auch softwareseitig) voranzutreiben.

NITDroid

Portierung für Nokia Internet Tablets und insbesondere das Nokia N900 Smartphone, welches nativ mit Maemo 5 betrieben wird.

Android-Portierungen für die x86/AMD64-Plattform

LiveAndroid

LiveAndroid ist eine Portierung des Handy-Betriebssystems auf x86-kompatible PCs oder Netbooks. Es ist seit dem 21. August 2009 als Live-CD (Version 0.3) verfügbar und soll auch als Live-USB-Version weiterentwickelt werden.

Android x86

Portierung des Android-Betriebssystems auf PC, Note- und Netbook; ursprünglich lag der Entwicklungsschwerpunkt auf dem Asus Eee PC. Die derzeit stabile Version basiert auf Android 2.2 „Froyo" (android-x86-2.2 vom 14. Januar 2011) und ist als USB und CD-ROM Image erhältlich. Das Projekt betreibt einen GIT-Server, auf dem sämtliche Forks des (portierten) Betriebssystemcodes vorgehalten werden.

Kontroverse

Frühe Versionen von Android ließen sich nur in Verbindung mit einem Google-Konto verwenden. Seit Version 1.5 ist das nicht mehr der Fall.

Google hat die Möglichkeit, Software ohne vorherige Nachfrage beim Nutzer zu löschen und zu installieren. Über etwaige dauerhafte Verbindungen mit Google-Servern könnten Applikationen via Fernzugriff ohne Einwirkung jedoch unter Wissen des Nutzers gelöscht und installiert werden (Statusmeldung). Falls Google eine kostenpflichtige Software löscht, erhält der Kunde den Kaufpreis zurück. Im Juni 2010 hat Google erstmals Anwendungen auf den Endgeräten der Anwender durch einen entfernten Zugriff gelöscht, da ein Sicherheitsexperte demonstrieren wollte, wie einfach Schadcode auf Android-Smartphones verbreitet werden kann.

Von „http://de.wikipedia.org/wiki/Android_(Betriebssystem)"

Apple iOS

iOS (bis Juni 2010 **iPhone OS**) ist das Standard-Betriebssystem der Apple-Produkte iPhone, iPod touch, iPad und der zweiten Generation des Apple TV. iOS basiert auf Mac OS X und bietet eine Anbindung zum iTunes Store und zum App Store.

Geschichte

Das ursprüngliche Betriebssystem iPhone OS wurde am 9. Januar 2007 im Zusammenhang mit dem neu erschienenen iPhone vorgestellt. Es handelte sich um ein auf das iPhone angepasstes und auf den darin verwendeten ARM-Prozessor portiertes Derivat von Mac OS X.

Da das Betriebssystem nach dem iPhone auch auf dem iPod touch und dem iPad zum Einsatz kam, hat Apple das Betriebssystem am 7. Juni 2010 offiziell in *iOS* umbenannt. Für die Umbenennung hat Apple den entsprechenden Markennamen von Cisco Systems lizenziert. Cisco hat für die Bezeichnung *IOS* seit den 1980er Jahren die Namensrechte für das Internetwork Operating System, welches in deren Routern und Switches eingesetzt wurde. Die übertragene Lizenz bezieht sich jedoch nur auf den Namen iOS, nicht auf die jeweilige Technik.

Funktionsumfang

Vorinstalliert sind der Internet-Browser Safari, das E-Mail Programm Apple Mail, ein Kalenderprogramm, ein Adressbuch, Programme zum Kaufen und Abspielen von Musik- und Filmen sowie weitere Programme. Auf dem iPhone sind das Telefonieren und Senden/Empfangen von SMS ebenfalls mit entsprechenden Programmen umgesetzt.

Bedienkonzept

Die Bedienung des iOS erfolgt direkt über den Sensorbildschirm des iOS-Gerätes. Eine Besonderheit ist dabei die Möglichkeit von Multi-Touch-Gesten. Bestimmte Fingerbewegungen lösen dabei Aktionen aus, beispielsweise bewirkt das Auseinanderziehen von zwei Fingern ein Zoomen in ein Bild oder eine Internetseite. Platziert man zwei Finger auf dem Bildschirm und führt mit diesen eine Drehung aus, so wird das Bild rotiert. Dadurch entsteht die Illusion, der Nutzer würde den Bildschirminhalt direkt manipulieren, denn der Bildschirminhalt folgt dem Finger ab der Stelle, wo dieser aufgesetzt wurde. Daher muss zum Nach-Unten-Scrollen der Finger auf dem Bildschirm nach oben bewegt werden, denn der Inhalt wird nach oben geschoben. Zahlreiche der Multitouch-Gesten sind auch auf den jüngeren Laptops von Apple verfügbar, mit Mac OS X v. 10.7 ist auch das Verschieben des Inhalts als Alternative zum Scrollen wählbar.

Im Unterschied zu früheren Touch-Geräten simuliert der Finger keinen Mauszeiger, sondern ist die einzige Eingabemöglichkeit. Damit entfällt die auf PCs übliche Unterscheidung zwischen Zeigen und Klicken, die unter anderem bei Internetlinks deutlich wird (ein Link verfärbt sich beim Berühren mit dem Zeiger, wird aber erst beim Klicken aufgerufen). Ist eine Texteingabe nötig, wird am unteren Bildschirmrand eine Tastatur eingeblendet, die im Querformat etwa ein Drittel des Bildschirms verdeckt. Mittels Bluetooth kann eine mechanische Tastatur für die Texteingabe verwendet werden. Für das Einstellen von Werten aus einer langen Liste stellt Apple den Entwicklern ein virtuelles Rad (*Pickerview*) zur Verfügung, an dessen Stirnseite alle verfügbaren Werte (beispielsweise die Stunden 00 bis 24) aufgelistet sind.

Am oberen Bildschirmrand informiert eine Statuszeile über Netzwerkempfang, Uhrzeit und Ladezustand des Akkus. Apps können diese Statuszeile ausblenden, was insbesondere Spiele oft tun.

Die Lauter- und Leiser-Tasten am Gerät duplizieren lediglich Funktionen, die auch über die Einstellungen erreichbar wären. Die Home-Taste (im Hochformat mittig unter dem Bildschirm) hat eine eigene Funktion, die derzeit noch nicht anders erreichbar ist. Künftig könnte diese Taste durch spezielle Gesten abgelöst werden, um zwischen Programmen oder zum Start-Bildschirm zu wechseln; bislang gibt es dazu keine offizielle Ankündigung, doch Apple hat die Entwickler auf die Möglichkeit hingewiesen. Die Ausschalttaste am oberen Geräterand (im Hochformat gehalten) führt bei kurzem Drücken zum Ruhemodus, der Bildschirm wird abgeschaltet, das laufende Programm jedoch nicht beendet. Erst bei längerem Drücken erscheint ein virtueller Schalter, um das Gerät auszuschalten.

In allen iOS-Geräten sind Neigungssensoren verbaut, je nach Haltung schaltet das Gerät die Bildschirmansicht ins Quer- oder Hochformat. Dies kann über einen mechanischen Schalter oder eine Einstellung verhindert werden. Ein eingebautes Gyroskop ermittelt die präzise Lage des Geräts im Raum und wird von manchen Spielen für Geschicklichkeitsübungen genutzt. Das Programm GarageBand errechnet über das Gyroskop den Anschlag der virtuellen Tastatur, sodass die Tonausgabe wie ein reales Klavier reagiert.

Die mitgelieferte „Voice Over"-Funktion ermöglicht auch Blinden eine direkte Nutzung von iOS-Geräten.

Das Apple TV verfügt über keine Neigungssensoren, da es als Zusatzbox nur ein Signal für den Fernseher ausgibt. Es wird über eine Fernbedienung mit sechs Tasten gesteuert und besitzt eine eigene Oberfläche, die sich von den anderen iOS-Geräten deutlich unterscheidet.

Startbildschirm

Der Startbildschirm ist das Hauptmenü aller iOS-Geräte. Auf dem Startbildschirm werden die Symbole aller installierten Apps angezeigt. Die Apps können durch einen Fingertipp auf das zugehörige Symbol gestartet werden. Die Symbole dieser Apps können auch, nach längerem Gedrückthalten eines beliebigen Symbols, neu angeordnet werden. Seit iOS 4 ist es außerdem möglich, Ordner zu erstellen, welche bis zu 12 Apps (beim iPad bis zu 20) enthalten können.

Ein iOS-Gerät kann mehrere solcher Startbildschirme verwenden, zwischen denen mittels „Wischen" gewechselt wird. Wischt man den ersten Startbildschirm nach rechts beiseite, erscheint eine Suchfunktion, die den Großteil der gespeicherten Daten auswertet: Adressbucheinträge, Musiktitel, Programmnamen, Kalendereinträge, Browser-Lesezeichen, eMails.

Durch das Betätigen der direkt unter dem Bildschirm angeordneten Startbildschirmtaste wird das laufende Programm minimiert (iOS 4) oder beendet (bis iPhone OS 3.2) und der (erste) Startbildschirm wird angezeigt.

Mehrprozessbetrieb

Bis zur iPhone OS Version 3.2.2 war der Mehrprozessbetrieb auf vorinstallierte Apps beschränkt. Apple begründete dies mit einer eventuell schlechteren Geschwindigkeit und verkürzten Batterielaufzeit durch parallel laufende Apps.

Ab der Version iOS 4 wird der Mehrprozessbetrieb durch sieben Hintergrund-Programmierschnittstellen ermöglicht.

1. Hintergrund-Audio
2. IP-Telefonie
3. Hintergrund-Lokalisierung
4. Push-Benachrichtigungen
5. Lokale Benachrichtigungen
6. Beendigung eines laufenden Prozesses im Hintergrund
7. Schnelles Wechseln von Apps

Apps

Mitgelieferte Apps

Eine Reihe von Apps (siehe Tabelle) wird mit den iOS-basierten Geräten mitgeliefert. Trotz der Namensgleichheit mit entsprechenden Programmen für Mac OS X sind die Apps für iOS an die jeweilige Benutzeroberfläche angepasst und im Funktionsumfang verändert. Einige der mitgelieferten Apps, beispielsweise das Nike+iPod-App, sind standardmäßig ausgeblendet und müssen vom Nutzer erst aktiviert werden.

Viele mitgelieferte Apps sind auf eine reibungsfreie Zusammenarbeit optimiert. So kann beispielsweise in Mail eine Telefonnummer markiert werden, um sie dann einem Kontakt im Adressbuch zuzuordnen oder anzurufen.

AppStore

Neben den mitgelieferten Standard-Programmen sind im AppStore über 425.000 weitere Anwendungen verfügbar. Es wurden von dort mehr als 15 Milliarden Apps heruntergeladen.

Kritik

Apples zentralisierter Prozess rund um die Veröffentlichung von Apps wird oft skeptisch gesehen. Da es Nutzern schwer möglich ist, aus anderen Quellen als dem AppStore Programme zu beziehen, sehen Kritiker in der Nichtzulassung von Programmen eine Zensur. Die Electronic Frontier Foundation kritisiert außerdem, dass Entwickler gezwungen sind, deutliche Einschränkungen hinzunehmen, wenn sie für iOS entwickeln wollen; unter anderem müssen sie ein Geheimhaltungsabkommen unterzeichnen und einen Mitgliedsbeitrag entrichten. Langfristig könne dies demnach innovationshemmend wirken.

Andere Autoren sehen die Kontrolle des AppStores dagegen als einen Vorteil an:

"As more consumers have fears about security on the Internet, viruses and malware, they may be happy to opt for Apple's gated community"

„Da immer mehr Verbraucher sich Sorgen um die Sicherheit im Internet, Viren und Schadsoftware machen, könnten sie den abgeschlossenen Raum, den Apple bietet, willkommen heißen."
– Laura Sydell, NPR

Auch die abgeschlossene Natur der Plattform wird kritisiert. Vor allem Entwickler befürchten, dass zukünftige Generationen weniger intensiv an den Geräten herumbasteln können und sich daher nicht für Informatik begeistern werden. Auch einige Nutzer fühlen sich durch die von Apple getroffenen Einschränkungen bevormundet und stören sich an der zu starken Kontrolle, die Apple über die Plattform hat – so kann Apple beispielsweise Programme vom iPhone des Nutzers löschen. Apple-Chef Steve Jobs erklärte, dass diese Möglichkeit nur auf Schadsoftware abzielt.

Viel Kritik erhielt Apple dafür, dass es für iOS keinen Flash Player gibt. Da Flash als proprietäre Technik Adobe gehört, kann Apple selbst kein Abspielprogramm dafür entwickeln. Nach Darstellung von Apple war Adobe nicht willens oder nicht in der Lage, eine funktionierende Lösung für iOS zu entwickeln. Steve Jobs äußerte sich im April 2010 in einem offenen Brief zu der Debatte um Flash.

Von „http://de.wikipedia.org/wiki/Apple_iOS"

Bada (Betriebssystem)

Bada ist ein dienstorientiertes Betriebssystem, das von Samsung Electronics entwickelt wird und für den Einsatz in Smartphones konzipiert ist. Sein Name ist von dem koreanischen Wort für Ozean abgeleitet. Samsung kündigte das Bada-Betriebssystem am 10. November 2009 an. Das erste Mobiltelefon mit Bada ist das Samsung Wave S8500. Über Samsung Apps ist es möglich, weitere, kleine Bada-Applikationen und Tools zu laden.

Bada ist aus vier Schichten aufgebaut:
1. Die erste Schicht ist ein Kernel, wobei laut Spezifikation sowohl ein Linux-Kernel als auch ein Echtzeitbetriebssystem zum Einsatz kommen kann.
2. Die zweite, „Device" (deutsch „Gerät") genannte Schicht, ist eine Abstraktionsschicht, die Geräte und andere grundlegende Funktionen – wie die Zugriffsrechte oder ein Grafik-Server – für die überliegenden Schichten zur Verfügung stellt.
3. Als dritte Schicht sind die „Services" (Dienste) vorhanden. Dabei handelt es sich neben einem Flash-Player und Webkit um Telefonie-Funktionen, Netzwerkprotokolle, GPS-Funktionen, Social-Networking-Clients, Replikations-Funktionen, Datenbank-Server, Lokalisation und ein PIM-Framework.
4. Das „Framework" ist die oberste Schicht. Sie umfasst die Benutzerschnittstelle und eine API. Anwendungen werden in C++ geschrieben. Viele bekannte GNU-Tools sind Teil von Bada, um die Entwicklung von Anwendungen – sogenannten „Apps" – zu vereinfachen.

Geräte

Das erste Mobiltelefon von Samsung, das mit Bada auf Linux-Basis läuft, wurde auf dem Mobile World Congress 2010 vorgestellt. Es trägt den Namen Wave S8500 und kam Ende Mai 2010 auf den Markt. Das flache Mobiltelefon verfügt über einen „Super-AMOLED-Sensorbildschirm", der WVGA-Auflösung (480×800 Pixel) bietet. Im Inneren kommt Samsungs CPU *Hummingbird* (S5PC110) zum Einsatz. Der 1-GHz-Prozessor (baugleich mit dem Apple A4 des iPads und iPhone 4) besteht aus einer ARM-Cortex-A8-CPU mit einer integrierten (built-in) PowerVR-SGX-3D-Grafik-Einheit.

Im Herbst 2010 wurden weitere Mobiltelefone mit dem Bada-Betriebssystem angekündigt. Im Oktober 2010 stellte Samsung mit dem S8530 Wave II das fünfte Bada-Modell vor, welches mit der Version 1.2 ausgestattet ist.

Am 14. Februar 2011 wurde das Wave 578 angekündigt, welches mit einem neuen NFC-Chip ausgerüstet ist. Gleichzeitig wurde auch Bada 2.0 präsentiert, welches auf künftigen sowie bereits erschienenen Bada Geräten zum Einsatz kommen soll wie zum Beispiel dem Wave II S8530.

Smartphones mit installiertem Bada OS (Stand: Februar 2011):
- Samsung Wave II S8530
- Samsung Wave S8500
- Samsung Wave 723 S7230E
- Samsung Wave 525 S5250
- Samsung Wave 533 S5330
- Samsung Wave 578 S5780 (angekündigt)

Kritik

In entwicklungstechnischer Hinsicht wurden folgende Aspekte an Bada kritisiert:
- Die Quelltexte der Applikationen aus Badas Online-Shop sind nicht öffentlich zugänglich und Benutzer werden daran gehindert, Anwendungen von anderen Servern herunterzuladen.
- Die Programmierschnittstelle zu den Sensoren ist nicht veränderbar. So sind nur Näherungs-, Beschleunigungs-, Lokalisierungs- und Neigungssensoren sowie Magnetometer vorgesehen. Auf diese Sensoren kann nur indirekt über eine Programmierschnittstelle zugegriffen werden. Dadurch können keine neuen Sensoren hinzugefügt werden und Applikationen nur auf die Informationen zugreifen, die die Programmierschnittstelle anbietet.
- Das von Bada zur Verfügung gestellte Framework für Anwendungen erlaubt das Ausführen von einer Applikation zur selben Zeit. Multitasking wird zwischen der einen Applikation und den Basis-Anwendungen von Bada unterstützt, die im ROM abgespeichert sind. Multitasking wird mit bada 2.0 eingeführt.

Von Experten wird von Bada ähnlich wie Windows Phone 7 zukünftig eine bessere Position erwartet, weil man mit der zunehmenden Verschmelzung mobiler Applikationen und mobilem Internet rechnet. Der Erfolg zeigte sich nicht nur in Deutschland seit Einführung des bada-Betriebssystems mit über 750.000 verkauften Endgeräten bis März 2011, sondern auch global im ersten Quartal 2011 mit 3,5 Mio. Endgeräten in Europa und Asien im Vergleich zu 2,5 Mio. verkauften Windows Phone 7 Geräten weltweit.

bada 2.0

Im Rahmen des GSMA Mobile World Congress 2011 stellte Samsung die Version 2.0 von bada vor, die im September 2011 erscheinen soll. Neben Multitasking und NFC wurde auch FlashLite 4 als neues Feature präsentiert. Zudem erlaubt bada 2.0 die direkte Verbindung mehrere Geräte via WLAN, ohne dabei auf einen Access Point zu setzen. Außerdem erlaubt Samsung seit März 2011 den Verkauf von Apps, die VoIP nutzen oder anbieten.. Im Juli 2011 tauchten im Netz erste Vorabversionen von bada 2.0 auf. Der erste Leak bezog sich jedoch nur auf das Wave II S8530 und brachte eine Vorabversion aus dem April ans Tageslicht. Es dauerte jedoch nicht lang und eine weitere Version tauche im Netz auf. Diese Beta-Version von bada 2.0 war nun sowohl für das Wave S8530 als auch für das Wave S8500 erhältlich und musste manuell durch einen sogenannten "Flash" auf das Gerät installiert werden. Ihrer Be-

zeichnung nach zu urteilen wurde diese Firmware auch erst im Juli von Samsung erstellt.
Von „http://de.wikipedia.org/wiki/Bada _(Betriebssystem)"

BlackBerry OS

Das **BlackBerry OS** (bis zur fünften Ausgabe bekannt als **BlackBerry Device Software**, auch bekannt als *Research In Motion OS*) ist ein proprietäres, kostenlos nutzbares (Freeware) Multitasking-Betriebssystem für Smartphones. Es wird von dem Unternehmen *Research In Motion Limited* für dessen Geräte der Marke *BlackBerry* entwickelt. Es ist in C++ programmiert und bietet eine Java-Umgebung (J2ME – MIDP) mit speziellen Schnittstellen zum Betrieb von (Dienst-/Anwendungs-)Programmen. Drittentwicklern steht eine spezielle Programmierschnittstelle zur Verfügung. Integraler und bekanntester Bestandteil der Funktionalität sind die E-Mail-Funktionen der Plattform.

Laut Gartner ist es mit 17,5 Prozent Marktanteil im Jahr 2010 eines der bedeutendsten Betriebssysteme für Mobiltelephone, wobei eine sinkende Bedeutung prognostiziert wird.
Von „http://de.wikipedia.org/wiki/BlackBerry_OS"

HP webOS

webOS ist ein Smartphone-Betriebssystem der Firma HP Palm, das erstmals auf der Consumer Electronics Show am 8. Januar 2009 in Las Vegas vorgestellt wurde. Es stellt den Nachfolger des Palm OS dar und ist auf die Bedienung per kapazitivem Touchscreen angepasst. Der Name kommt von der engen Verflechtung mit dem Internet bzw. mit Internetdiensten. Am 18. August 2011 teilte HP die Einstellung der Entwicklung von webOS Geräten mit.

Entwicklung

Die letzte öffentliche Version 5.4 von Palm OS, die mittlerweile von der Firma Access gekauft und in Garnet umbenannt wurde, unterstützte nur zwei Verbindungsprofile und somit bei Smartphones (mit GPRS und Bluetooth) kein zusätzliches UMTS oder integriertes GPS. Dadurch konnte die Hardware-Ausstattung der neueren Palm-Geräte nicht mehr mit der anderer Hersteller mithalten. Palm entschloss sich in der Folge, Palm OS nicht weiterzuentwickeln und auch das von Access als Nachfolger von Garnet entwickelte Betriebssystem Access Linux Platform nicht zu verwenden, sondern ein neues Betriebssystem zu entwickeln. webOS wurde unter dem Codenamen *Nova* entwickelt.

Merkmale

webOS ist ein Multitasking-Betriebssystem für Smartphones mit einem auf Linux basierenden Kernel. Mehrere gleichzeitig geöffnete Anwendungen lassen sich über eine Live-Vorschau durchblättern. Die Bedienung erfolgt durch Fingergesten auf einem Touchscreen.

Synergy

Alle PIM-Daten werden nicht ausschließlich auf dem Gerät gespeichert, sondern ständig mit Internetdiensten wie z. B. Gmail synchronisiert. Mit Hilfe einer *Synergy* genannten Technik können sämtliche Informationen, beispielsweise aus unterschiedlichen Kalendersystemen wie Exchange und Google Calendar, übersichtlich in einer Anwendung zusammengefasst werden. Synergy verknüpft Kontaktdaten, Kalenderereignisse und E-Mails aus verschiedensten Quellen (u. a. oben genannte Exchange, Gmail, Hotmail, Yahoo, Facebook).

Benachrichtigungen

Über einen *Notification Manager* werden Erinnerungen oder Ereignisse wie neue E-Mails im unteren Bereich des Bildschirms, der „notification bar", eingeblendet und das Programmfenster darüber verkleinert. Die jeweils aktuelle Anwendung wird bei Nachrichten weder verlassen noch gestört. Jede Benachrichtigung, die Benutzereingaben erfordert (eingehender Anruf, Kalendererinnerung, Wecker usw.) kann stummgestellt werden, ohne explizit verworfen zu sein (Klingelton ausgestellt, erneute Erinnerung usw.). Die Icons bleiben in diesem Fall in der notification bar. HP Palm nennt dies „unobtrusive notifications" in Anspielung auf Apples „Push notification", die lediglich eine sofortige Beantwortung oder ein Verwerfen der Benachrichtigung erlauben.

App Catalog

Mit dem HP App Catalog bietet der Hersteller ähnlich wie bei iPhones, Android- und Windows Phone 7-Telefonen einen Online-Service, der es erlaubt, von unterwegs Applikationen (Apps) für das jeweilige webOS-Telefon herunterzuladen.

Homebrew

Zusätzlich zum offiziellen App Catalog gibt es eine große Homebrew-Community, die, wie von HP Palm vorgesehen, weitere Verteilungskanäle für Software für webOS verwirklicht. Durch die offene Struktur von webOS werden modifizierte Kernels, Patches zum Ausbügeln kleinerer Schwächen (bspw. kann ein Zähler für die Anzahl der Zeichen in der SMS-/Nachrichten-App nachgerüstet werden) und natürlich Apps (teils auf Wunsch) entwickelt, verteilt, kommentiert und bewertet.

Ebenfalls enthalten ist ein auf der Rendering-Engine WebKit basierender Webbrowser mit Unterstützung für Tabbed Browsing.

Anwendungen

HP Palm bietet mehrere Möglichkeiten an, um Anwendungen für webOS zu entwickeln.

SDK

Mit dem SDK namens *Mojo Application Framework* können Anwendungen in den Sprachen HTML 5, CSS und JavaScript entwickelt werden. Das SDK muss dazu auf dem eigenen Rechner installiert werden.

Ares

Ares ist eine neue Entwicklungsumgebung für HP webOS, welche mittlerweile in der Version 1.0 erschienen ist. Mit Ares ist es möglich Anwendungen direkt im Browser zu entwickeln. Eine Installation des SDKs ist nicht mehr nötig. Um die Anwendungen testen zu können, ist in Ares ein webOS-Emulator integriert. Ares funktioniert mit den Webbrowsern Firefox, Safari und Chrome.

Plug-In Development Kit

Seit März 2010 steht mit dem „Plug-In Development Kit" auch die Möglichkeit offen, C- oder C++-Code in Anwendungen zu verwenden. Davon erhofft sich HP Palm zahlreiche Portierungen bereits bestehender Anwendungen von anderen Plattformen.

Durch die vergleichsweise geringen notwendigen Voraussetzungen und die verschiedenen Möglichkeiten hofft HP Palm auf möglichst viele Entwickler.

webOS ist nicht abwärtskompatibel zu Palm OS, jedoch gibt es unter dem Namen „Classic" einen Emulator für Palm-OS-Programme. „Classic" wird als Kaufanwendung angeboten und ermöglicht laut Produktmanager Paul Cousineau, Palm-OS-Anwendungen auf dem Pre auszuführen. Der Hersteller von „Classic", die Firma MotionApps, hat inzwischen die Software an Palm verkauft und den Vertrieb der Applikation eingestellt. Die Suche nach der Software ergibt zumindest auf der deutschen Seite von Palm keinen Treffer. MotionApps gibt an, dass „Classic" unter webOS 2 nicht mehr lauffähig ist.

Geräte

Das erste Gerät, das mit webOS ausgeliefert wurde, ist das Palm Pre, das gleichzeitig mit webOS auf der CES 2009 vorgestellt wurde. Die Auslieferung startete am 6. Juni 2009 in den USA in Zusammenarbeit mit dem Netzbetreiber Sprint. In Deutschland ist das Pre seit dem 13. Oktober 2009 ausschließlich bei O2 und Simyo zu erwerben. Im Herbst 2009 hat Palm sein zweites Smartphone mit webOS, das *Palm Pixi*, in den USA auf den Markt gebracht. An der CES 2010 wurden Palm Pre Plus und Palm Pixi Plus vorgestellt, die sich von ihren Vorgängern durch folgende Funktionen unterscheiden: Palm Pre Plus hat doppelt so viel Ram und Speicherplatz, sprich 512 MB Arbeitsspeicher und 16 GB Festspeicher. Das Palm Pixi Plus hat zusätzlich WLAN erhalten und ist in Deutschland bei o2 und Vodafone erhältlich (Stand Dez. 2010).

Seit Oktober 2010 ist nun das Palm Pre 2 auf dem Markt. Anfänglich nur in Frankreich, ist es inzwischen auch in England und in den USA verfügbar. Für Deutschland steht jedoch noch kein Verkaufsstart fest.

Im Februar 2011 hat HP mit dem HP Veer, dem HP Pre und dem HP TouchPad drei neue Geräte auf der Basis von webOS vorgestellt. Außerdem wurde angekündigt, webOS auch auf den Personal Computer zu portieren.

Ende

Am 18. August 2011 kündigte HP das Ende von webOS für Tablets und Smartphones an.

Von „http://de.wikipedia.org/wiki/HP_webOS"

Microsoft Windows Mobile

Windows Phone (vormals Windows Mobile) ist ein kompaktes Betriebssystem, kombiniert mit einer Zusammenstellung von Anwendungen für mobile Geräte. Es basiert auf der Microsoft Win32 API. Geräte, die *Windows Phone* bzw. *Windows Mobile* benutzen, sind zum Beispiel Pocket PCs, Smartphones, und tragbare Media-Center. Das Betriebssystem ist so gestaltet, dass eine Ähnlichkeit mit den Desktopversionen von Windows erkennbar ist, obwohl die jeweiligen Zielarchitekturen und Codebasen einander kaum ähnlich sind. Hingegen ist Windows Phone 7 eine komplette Neuentwicklung.

Gemeinsame Merkmale von Windows Mobile

Werbung auf einem Ford Territory in Neuseeland (2008)

Windows Mobile für Pocket PC enthält in den meisten Versionen:
- Eine Heute-Seite, die das heutige Datum, Besitzerinformationen, anstehende Termine, neue E-Mail-Nachrichten und Aufgaben darstellt. Sie enthält auch eine Leiste für Benachrichtigungen, welche dem Benutzer durch Icons Auskunft über unterschiedliche Dinge geben kann, wie etwa die Batterielaufzeit oder offene Dienstprogramme. Anwendungen können weitere Einträge auf der Heute-Seite erzeugen. Das Hintergrundbild kann angepasst werden.
- Eine Taskleiste, sie zeigt die momentane Uhrzeit, die Lautstärke, den Batterie-Ladestatus und den Verbindungsstatus. Wenn ein Programm oder ein Dialog geöffnet ist, erscheint neben der Uhr ein „OK" oder ein „Schließen"-Knopf. Das wichtige Extra der Taskbar ist der Startknopf, der eine ähnliche Aufgabe hat wie in den Desktop-Versionen von Windows. Im Startmenü gibt es eine

Liste der zuletzt benutzten Anwendungen, neun veränderbare Einträge am Anfang und weiterführende Einträge zu den Programmen, Einstellungen, der Hilfe und der Suche.
- Eine abgespeckte Version von Microsoft Office. Diese besteht aus Pocket Word und Pocket Excel. Seit der Version Windows Mobile 5.0 gehört Pocket PowerPoint zum Lieferumfang, das Dateien anzeigen, aber nicht editieren kann. Diese Versionen enthalten die nötigsten Funktionen ihrer Desktop-Pendants, erweiterte Funktionen wie Grafiken und Tabellen fehlten bis Version 5.0. ActiveSync bietet die Möglichkeit, Dateien der Desktop-Versionen in kompatible Dokumente für den PocketPC umzuwandeln. Diese Umwandlung ist je nach Version mehr oder weniger verlustbehaftet, insbesondere Formatierungen, Feldfunktionen u. ä. sind betroffen.
- Outlook Mobile, eine PIM-Anwendung, die die gleichen Funktionen wie das Desktop-Pendant erfüllt. Es kann per ActiveSync mit diesem synchronisiert werden. Eine Alternative ist der direkte Abgleich mit einem Exchange-Server über eine Online-Verbindung.
- Den Windows Media Player. Die meisten Geräte wurden mit Version 9 ausgeliefert, neuere Hardware enthält die Version 10. Für einige bestimmte Geräte kann man Version 10 herunterladen und installieren – darunter Geräte aus der Dell-Axim-Reihe. Der Medienspieler unterstützt WMA-, WMV-, MP3-, und AVI-Dateien. Momentan werden keine MPEG-Dateien unterstützt, es gibt Programme von Drittanbietern, die diese Fähigkeit nachrüsten.

Versionen

Windows Mobile 2002 auf einem HTC Xda

Windows Mobile 2002

Windows Mobile 2002, welches auf Windows CE 3.0 basiert, war die erste Version von Windows CE, die unter dem Namen „Windows Mobile" vermarktet wurde. Gezielt für tastaturlose Pocket PCs mit QVGA-Auflösung entworfen, war Windows Mobile 2002 (wie die ursprünglichen Pocket PC Versionen) das einzige Betriebssystem von Microsoft für eingebettete Systeme.

Windows Mobile 2003

Die zweite Version, genannt Windows Mobile 2003, wurde am 23. Juni 2003 veröffentlicht und kam in drei Varianten. Zwei sind sich sehr ähnlich: Windows Mobile 2003 für Pocket PC und Windows Mobile 2003 Pocket PC Phone Edition, das speziell für Pocket PCs mit Telefonfunktion entwickelt wurde, wie zum Beispiel den XDA bzw. MDA.

Die dritte Variante ist eine Edition mit dem Namen Windows Mobile 2003 for Smartphone, die – trotz mehrerer Gemeinsamkeiten mit dem Pocket PC – eine wesentlich andere Plattform darstellen, die auch Software erfordert, die speziell darauf abgestimmt ist: Windows Mobile Smartphones haben keinen Touchscreen, wesentlich geringere Display-Auflösungen, eine normale Telefontastatur und sind speziell für Einhand-Bedienung entworfen.

Windows Mobile 2003 basiert auf Windows CE 4.20.

Windows Mobile 2003 Second Edition

Windows Mobile 2003 Second Edition, bekannt als Windows Mobile 2003SE, wurde am 24. März 2004 freigegeben. Es enthielt eine Reihe von Verbesserungen gegenüber dem Vorgänger wie:
- eine Option, um den Bildschirm um 90° zu drehen. (Nur auf bestimmten PDA-Modellen verfügbar, z. B. bei Acer N35)
- Pocket Internet Explorer enthält eine Option, um die Seite einspaltig darzustellen, die es einfacher macht, Webseiten zu lesen, da nur noch vertikal gescrollt werden muss.
- VGA (640×480)-Bildschirmauflösung ist neue offizielle Auflösung, zusätzlich zu der bekannten 320×240-Darstellung. Hinzugekommen sind neue quadratische Formfaktoren (240×240 und 480×480 für VGA-Bildschirme), geeignet für Hardware-Hersteller, die dem Gerät eine Tastatur hinzufügen möchten.
- direkte Unterstützung für WPA, für viele Gerät sind entsprechende Updates auch für Windows Mobile 2003 erhältlich.

Windows Mobile 2003SE basiert auf Windows CE 4.21.

Windows Mobile 5.0

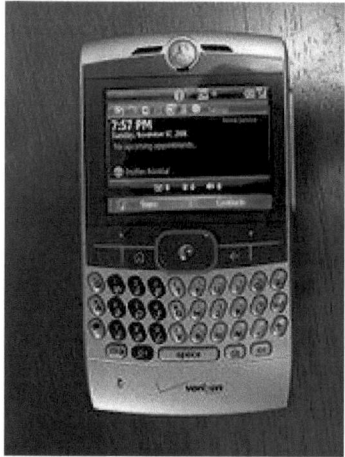

Windows Mobile 5 auf einem Motorola Q1

Windows Mobile 5.0, ursprünglicher Name „Magneto", wurde am 9. Mai 2005 veröffentlicht. Es basiert auf Windows CE 5.0 und enthält in manchen Distributionen das .NET Compact Framework 2.0, das ansonsten zusätzlich installiert werden kann (kostenfrei). Der enthaltene Internet-Browser heißt nun „Internet Explorer Mobile" und nicht mehr „Pocket Internet Explorer".

Enthaltene Fähigkeiten:
- Eine neue Version von „Office Mobile"
  - PowerPoint Mobile, welches das Abspielen von Powerpoint-Dateien ermöglicht, wurde hinzugefügt
  - Excel Mobile bekam grafische Fähigkeiten
  - Word Mobile konnte Tabellen und Grafiken darstellen
- Windows Media Player 10 Mobile
- Bild- und Videopaket, das die Verwaltung von Bildern und Videos zusammenfasst
- Bluetooth-Unterstützung mit einem eigens entwickelten Microsoft-Bluetooth-Stack, mit weniger Fähigkeiten als die vorherigen Broadcom/Widcomm-Alternativen, wobei einige Hersteller wie HP weiterhin den alternativen Broadcomm/Widcomm-Stack einsetzen.
- Virtueller GPS-Port für parallelen Zugriff mehrerer Programme auf die GPS-Daten
- QWERTY-Tastaturunterstützung ist standardmäßig enthalten.
- Möglichkeit, Fehler bei Abstürzen zu melden, ähnlich wie in aktuellen Windows-Systemen.
- ActiveSync 4.0, bis zu 10–15 % schneller bei der Synchronisation
- Nichtflüchtiger Speicher der Pocket PCs wird zusätzlich für flüchtige Daten genutzt, was die Lebensdauer der Batterie steigern soll. Bisher wurden bis zu 50 Prozent (genug für 72 Stunden) der Batteriekapazität reserviert, um Daten im flüchtigen RAM-Speicher zu halten. Damit gehen die gespeicherten Daten und selbst installierten Programme nicht mehr verloren wenn der Akku komplett leer ist. Der unter Windows Mobile 2003 in Arbeits- und Datenspeicher aufgeteilte RAM-Speicher steht jetzt komplett als solcher zu Verfügung, Betriebssystem und Änderungen daran sowie persönliche Daten werden jetzt zusammen im ROM abgespeichert, vergleichbar mit dem iPaq File Store in früheren Versionen, der in WM5 entfällt.

Windows Mobile 5.0, wurde auf der Microsofts Mobile and Embedded Developers Conference 2005 in Las Vegas veröffentlicht. Es gibt vier verschiedene Varianten, die nur teilweise anwendungskompatibel sind.

Später wurde das Mobile Security and Feature Pack (MSFP) nachgereicht, das auf Windows Mobilegeräten mit Telefonfunktion den GPRS-gestützten Abgleich mit Exchange 2003 SP2 und höher ermöglichte, und einige Sicherheitsfunktionen ergänzte, die für mobile Exchangeclients wünschenswert sind. Die Synchronisationstechnik "Direct-push" ermöglicht eine Echtzeitsynchronisation von Mail, Kontakten, Terminen und Notizen.

Windows Mobile 6

Windows Mobile 6 auf HTC S710

Windows Mobile 6 (abgekürzt WM6) wurde am 12. Februar 2007 auf der 3GSM-Messe in Barcelona offiziell vorgestellt. Version 6 basiert auf Windows CE 5.2, welches in großen Teilen dem Kern von Windows Mobile 5.0 gleicht. Das Design der Benutzeroberfläche ist an Windows Vista angelehnt.

Folgende Versionen werden ausgeliefert:
- Windows Mobile 6 Classic (Pocket PC)
- Windows Mobile 6 Standard (Smartphone)
- Windows Mobile 6 Professional (Pocket PC Phone Edition)

Wichtige Neuerungen:
- IP-Telefonie
- Verbesserte Suchfunktion im Gerät
- Verbesserte Suchfunktion mit online Zugriff auf Exchange 2007
- HTML-Unterstützung in Mails
- globale Adressbücher (Exchange 2003/2007)
- Integrierte Updatefunktion, Optimierung für den Abgleich mit Windows Vista
- Verbesserte native Unterstützung der PC-Dateiformate Microsoft-Word, -Excel und -Powerpoint
- Unterstützung von Ajax, Abwärtskompatibilität zu Windows-Mobile 5.0 Applikationen,. NET Compact Framework v2 SP2 vorinstalliert
- Integration von „Windows Live" und „Marktplatz"
- Datei-Öffnen/Speichern-Dialoge sind browse-fähig (vgl. PC) (Bei anderen WM-Versionen sind diese Dialoge auf die Ordner der Hauptebene beschränkt)

Erweiterte Sicherheits-Funktionen:
- Speicherkarten-Verschlüsselung (AES)
- Die Notfall-Datenlöschung aus der Ferne löscht nun zusätzlich die Speicherkarte
- Vereinfachte Verwaltung von Zertifikaten
- Verbesserter Passwortschutz (Gerätesperre)
- „Information Rights Management" zum Schutz vertraulicher Daten

Windows Mobile 6.1

Windows Mobile 6.1 auf Samsung SGH-i900 Omnia

Windows Mobile 6.1 erschien erstmals auf den Geräten Asus P320, Samsung i900 Omnia, Asus P560, Asus M536, Motorola Q9, Sony Ericsson XPERIA X1, HTC Touch Pro und simvalley mobile XP-25. Für HTC TyTN II, HTC Touch Dual und Asus P750 sind offizielle Aktualisierungen verfügbar. Geplant sind ebenfalls Updates auf Windows Mobile 6.1 für Asus P527, Asus M930, Toshiba Portégé G810, Toshiba Portégé G910, HTC Touch, HTC X7510, Motorola MOTO Q 9h global, Samsung ACE, T-Mobile MDA Ameo 16 GB, T-Mobile MDA compact IV, T-Mobile MDA vario IV und weitere nicht in Deutschland erhältliche Geräte. Bei Version 6.1 Standard wurde das Design der Oberfläche noch stärker an Vista angelehnt; so ist die Startleiste jetzt leicht transparent, Hinweise, Meldungen und Kurznachrichten werden in kleinen Infofenstern angezeigt, und es kann nach links und rechts zu weiteren Fenstern gewechselt werden. Die Oberfläche der Professional- und Classic-Version hat sich nicht verändert.
Wichtige Neuerungen:

- SMS werden in Thread-Form (wie in einem Forum) angezeigt
- Internet Explorer Mobile mit Zoom Funktion und der Unterstützung von Adobe Flash, Microsoft Silverlight und H.264 (wird per Update später nachgereicht)
- mehr Einstellmöglichkeiten für die Texteingabe
- Kopieren und Einfügen von Texten (neu bei der Smartphone-Edition)
- stark vereinfachte Konfiguration von W-LAN und E-Mail-Konten
- Sicherheit: Über Exchange aktivierbare Verschlüsselung der PIM-Datenbank und von wahlfreien weiteren Ordnern.

Trotz der stärkeren Anlehnung an Windows Vista ist eine Synchronisation mit den Vista-Standard-Programmen Mail und Calendar nicht möglich - nach wie vor funktioniert diese nur mit Outlook.

Windows Mobile 6.5

Am 11. Mai 2009 wurde die Version 6.5 veröffentlicht. Erste Geräte wurden für den 6. Oktober 2009 erwartet. Als Neuerung bietet die Version 6.5 eine vorinstallierte Anwendung für den Zugang zum Windows Marketplace for Mobile, welcher Anwendungen zum Download bereithält. Des Weiteren können mit dem Service My Phone zahlreiche Daten des Smartphones online synchronisiert werden. Die zuerst geplante Honigwaben-Oberfläche, auch Honeycomb genannt, wurde nach Kritik an dieser wieder verworfen. Stattdessen sollen nun größere Icons verwendet werden. Trotz dieser Änderungen an der Oberfläche wird das grundsätzliche Layout beibehalten, wie Microsoft auf der MIX09 bekannt gab. Zudem soll die Ausrichtung von Windows Mobile künftig nicht mehr nur in den Business-Sektor sein, sondern auch noch viel mehr den Consumerbereich.
Die Neuerungen:
- Kinetisches Scrollen
- *Titanium*, ein neuartiges UI für den Heute-Bildschirm
- Internet Explorer 6 Mobile mit Flash-Unterstützung
- Nativer Facebook Client
- Neue Gerätesperre, vergleichbar mit Slide2Unlock vom iPhone
- Transparente Start- und Softkey-Leisten
- Web-basierte-Applikationen (Widgets)
- My Phone
- Windows Marketplace for Mobile

Windows Mobile 6.5.3

Am 2. Februar 2010 wurde die Version 6.5.3 durch Microsoft offiziell vorgestellt. Erste Geräte mit dem Betriebssystem erschienen im zweiten Quartal 2010. Hauptaugenmerk wurde auf die Verbesserung der Fingerbedienung gelegt.
Neuerungen:
- Unterstützung kapazitiver Touchscreens
- Multitouch-Support
- Oberflächenanpassungen
- Verbesserungen des Internet Explorers und des Speichermanagements
- Unterstützung für die arabische Sprache verbessert
- überarbeitetes Fehlermeldesystem
- .NET Compact Framework 3.5 und SQL Server Compact Edition 3.1

Windows Embedded Handheld

Im Juni 2010 kündigte Microsoft für die zweite Jahreshälfte eine auf Windows Mobile 6.5 basierende neue Betriebssystemvariante unter der (im Moment sowohl für Windows Embedded CE als auch für Windows Mobile genutzten) Markenbezeichnung *Windows Embedded Handheld* an. Es sollen in der ersten Version keine neuen Funktionen hinzukommen. Diese Version wurde im Januar 2011 freigegeben. Eine auf Windows 7-Technologien basierende, derzeit Windows Embedded Compact 7 genannte Version mit neuen Funktionen soll dann in der zweiten Hälfte des Jahres 2011 erscheinen.

Windows Mobile 7 / Windows Phone 7

→ *Hauptartikel: Windows Phone 7*

Windows Phone 7 auf einem Samsung Omnia 7

Windows Mobile 7 sollte eigentlich 2009 erscheinen, mehrere Verzögerungen veranlassten Microsoft aber, Windows Mobile 6.5 als Zwischenschritt zu veröffentlichen. Die Version 7 wurde am 15. Februar 2010 unter der neuen Bezeichnung Windows Phone 7 auf dem Mobile World Congress 2010 in Barcelona angekündigt. Die Entwickler konzentrieren sich besonders auf die intuitivere Benutzeroberfläche, welche Multitouch- und Gestensteuerung unterstützen soll, um mit ihrem Betriebssystem auch Nicht-Business-Kunden für sich zu gewinnen. Auch entscheidend ist die Einteilung in so genannte "Hubs" – Themenbereiche – die etwa an die Xbox oder das Windows Media Center erinnern und verschachtelte Menüs verhindern sollen. Es gilt zu beachten, dass es kein Update von Windows Mobile auf Windows Phone gibt.
Von „http://de.wikipedia.org/wiki/Microsoft_Windows_Mobile"

Nokia OS

Nokia OS (NOS) ist der informelle Name für das Betriebssystem vieler Nokia-Mobiltelefone. Der Begriff „Nokia OS" wird teilweise in Dokumenten des Herstellers verwendet. Es handelt sich um eine proprietäre Plattform, welche nur Nokia-intern verwendet wird. Es wird nicht an Dritte lizenziert. Es wird auch keine direkte API bereitgestellt. Jedoch können die meisten NOS-Geräte mit J2ME programmiert werden. NOS wird als Grundlage für Nokia-Series-40- und Series-30-Mobiltelefone genutzt.
Von „http://de.wikipedia.org/wiki/Nokia_OS"

S60

S60 (früher Series 60 genannt) ist eine Benutzeroberfläche für Smartphones, die auf Symbian OS aufsetzt, dem derzeit (2010) marktführenden Betriebssystem für Smartphones. Die Entwicklerfirma Symbian Ltd. wurde im Dezember 2008 vollständig von Nokia übernommen und danach in die Symbian Foundation, eine gemeinnützige Stiftung, eingebracht.

Gemeinsame Merkmale aller Smartphones mit S60-Bedienoberfläche sind ein großes Farbdisplay (bei den aktuellen Smartphones 360×640 (Touchscreen), 240×320 und 352×416 Pixel, bei früheren Modellen 176×208 bzw. 176×220), zwei Softkeys, 5-Wege-Navigations-, Menü-, Schnellzugriffstaste/Multimediataste (ab N70) und Zifferblock als Bedienelemente.

Dateiübertragung

Für Dateiübertragung sorgen Bluetooth, Infrarot, Wireless LAN, GPRS und UMTS. Außerdem lassen sich die Daten auf einem S60-Phone über das mitgelieferte Synchronisationsprogramm (Synchronisation/Remote Sync) mit der Remote-Datenbank eines anderen Geräts, z. B. eines kompatiblen Computers oder Servers im Internet abgleichen.

S60 wird nicht nur von Nokia eingesetzt, sondern zusätzlich an einige der führenden Mobiltelefonhersteller lizenziert. Aktuell gibt es S60-Mobiltelefone von Sony Ericsson, Samsung, Lenovo und LG. Frühere Geräte wurden von Siemens, Panasonic und Sendo entwickelt.

S60-Handy-Modelle

- Nokia NSeries
- Nokia ESeries

Series 60 Version 1.0, mit Symbian OS 6.1
- Nokia 7650

Series 60 1st Edition (Version 1.2), mit Symbian OS 6.1
- Nokia 3600
- Nokia 3620 (GSM 850/1900 Nachfolger des 3650)
- Nokia 3650
- Nokia 3660 (GSM 900/1800/1900 Nachfolger des 3650)
- Nokia N-Gage und Nokia N-Gage QD
- Samsung SGH-D700
- Sendo X
- Sendo X2
- Siemens SX1

Series 60 2nd Edition (Version 2.0), mit Symbian OS 7.0s
Enthält neue Funktionen wie J2ME/MIDP 2.0 Unterstützung und verschiedene Erscheinungsbilder (Themes)
- Nokia 6600
- Panasonic X700
- Panasonic X800
- Samsung SGH-D710
- Samsung SGH-D720
- Samsung SGH-D730

Series 60 2nd Edition, Feature Pack 1

(Version 2.1), mit Symbian OS 7.0s
- Nokia 3230
- Nokia 6260
- Nokia 6620
- Nokia 6670
- Nokia 7610

Series 60 2nd Edition, Feature Pack 2 (Version 2.6), mit Symbian OS Version 8.0a

Symbian 8.x unterstützt UMTS (GSM 3G/WCDMA) und CDMA2000 Netze.
- Nokia 6630
- Nokia 6680 (siehe Bild)
- Nokia 6681
- Nokia 6682
- Lenovo P930

Series 60 2nd Edition, Feature Pack 3 (Version 2.8), mit Symbian OS Version 8.1a
- Nokia N70
- Nokia N72
- Nokia N90
- Samsung SGH-Z600

S60 3rd Edition (Version 3.0), mit Symbian OS Version 9.1

Symbian 9.1 mit erweiterten DRM und ohne Abwärtskompatibilität zu bisherigen Symbian Anwendungen.
- Nokia 3250
- Nokia 5500
- Nokia E50
- Nokia E60
- Nokia E61
- Nokia E61i
- Nokia E62
- Nokia E65
- Nokia E70
- Nokia N71
- Nokia N73
- Nokia N75
- Nokia N77
- Nokia N80
- Nokia N80 Internet Edition
- Nokia N91
- Nokia N92
- Nokia N93
- Nokia N93i

S60 3rd Edition, Feature Pack 1 (Version 3.1), mit Symbian OS Version 9.2
- LG KS10 JoY
- LG KT610
- Nokia 5700 XpressMusic
- Nokia 6110 Navigator
- Nokia 6120 classic
- Nokia 6121 classic
- Nokia 6124 classic
- Nokia 6290
- Nokia E51
- Nokia E63
- Nokia E66
- Nokia E71
- Nokia E90 Communicator
- Nokia N81
- Nokia N81 8GB
- Nokia N82
- Nokia N76
- Nokia N95
- Nokia N95 8GB
- Samsung SGH-G810
- Samsung SGH-i520
- Samsung SGH-i450
- Samsung SGH-i550
- Samsung SGH-i560

S60 3rd Edition, Feature Pack 2 (Version 3.2), mit Symbian OS Version 9.3

Vorgestellt Anfang Februar 2008 auf dem 3GSM World Congress. Wesentliche Verbesserungen: Geschwindigkeit und Optik (Drehung bei Öffnen eines Bildes/Videos)
- LG KT770
- Nokia 5320 XpressMusic
- Nokia 5630 XpressMusic
- Nokia 5730 XpressMusic
- Nokia 6220 classic
- Nokia 6210 Navigator
- Nokia 6220 classic
- Nokia 6650 (nur bei T-Mobile)
- Nokia 6700 slide
- Nokia 6720 classic
- Nokia 6730 classic (nur bei vodafone)
- Nokia 6710 Navigator
- Nokia 6760 slide
- Nokia C5-00
- Nokia E5-00
- Nokia E52
- Nokia E55
- Nokia E71x
- Nokia E72
- Nokia E75
- Nokia N78
- Nokia N79
- Nokia N85
- Nokia N86 8MP
- Nokia N96
- Samsung i7110
- Samsung i8510 Innov8

S60 5th Edition (Version 5.0), mit Symbian OS Version 9.4

Symbian-Benutzeroberfläche für Telefone mit Touchscreen
- Nokia 5230/5235/Nokia 5230 Nuron
- Nokia 5530 XpressMusic
- Nokia 5800 XpressMusic
- Nokia C5-03
- Nokia C6-00
- Nokia N97
- Nokia N97 mini
- Nokia X6-00
- Samsung i8910 HD
- Sony Ericsson Satio (Konzeptname: Idou)
- Sony Ericsson Vivaz
- Sony Ericsson Vivaz Pro

Symbian3 (Version 5.2), mit Symbian OS Version Symbian3

Neuste Symbian-Benutzeroberfläche für Telefone mit Touchscreen
- Nokia C6-01
- Nokia C7-00
- Nokia N8-00
- Nokia E7

Von „http://de.wikipedia.org/wiki/S60"

Symbian-Plattform

Die **Symbian-Plattform**, umgangssprachlich auch einfach **Symbian** [ˈsɪmbɪən] genannt, ist ein Betriebssystem für Smartphones und PDAs. Vorgänger ist das nicht quelloffene Symbian OS. Es ist ein Derivat der 32-Bit-EPOC-Plattform von Psion. Vertriebsplattform für Symbian-Apps ist der Ovi Store.

Das Betriebssystem wurde ein knappes Jahr lang vom 4. Februar 2010 bis zum 17. Dezember 2010 von Nokia auch unter einer Open Source-Lizenz vertrieben. Zu diesem Zwecke erwarb Nokia im Dezember 2008 sämtliche Rechte und übertrug sie sodann an die Symbian Foundation. Diese Stiftung kümmerte sich um die Zusammenarbeit zwischen Open-Source Entwicklern und den internen Symbianentwicklern. Anfang Dezember 2010 teilte die Symbian Foundation mit, dass ab dem 17. Dezember 2010 der Quelltext der Symbian Plattform nicht mehr der Öffentlichkeit zum freien Download zu Verfügung gestellt wird. Seit dem 1. April 2011 ist der Symbiancode wieder verfügbar und steht unter der Symbian License, die weitestgehend nicht mit Open-Source-Lizenzen kompatibel ist.

Symbian hat vieles mit Desktop-Betriebssystemen gemein, z. B. präemptives Multitasking, Multithreading und Speicherschutz. Neben Programmen in C++, Java und Flash Lite kann unter anderem auch OPL oder Python auf den Geräten verwendet werden. Unterstützung für Relationale Datenbanken in der Implementierung von SQLite wird ebenso angeboten.

Geschichte

Symbian v9.4 auf dem Samsung i8910 HD

Am 24. Juni 2008 kündigten Nokia, Sony Ericsson, Motorola und NTT Docomo die Absicht an, Symbian OS, S60, UIQ und MOAP(S) zu einer einzigen offenen Plattform zu vereinen. Zusammen mit AT&T, LG Electronics, Samsung Electronics, STMicroelectronics, Texas Instruments und Vodafone haben sie zur Stärkung der Anziehungskraft dieser vereinigten Softwareplattform die Symbian Foundation gegründet. Die Mitgliedschaft dieser Non-Profit-Foundation war gegen eine Jahresgebühr offen für alle Organisationen. Der Source Code wurde vollständig als Open Source veröffentlicht.

Zu Beginn setzten von den großen Herstellern nur Nokia, Siemens und Sony Ericsson auf diese Plattform. Später folgten Mobiltelefone mit Symbian OS von Arima, BenQ, Lenovo, Panasonic, Samsung, LG, Motorola oder Sendo. Erstes Mobiltelefon mit Symbian OS war der Nokia 9210 Communicator, damals mit der Version 6.0. Das Motorola A920 war das erste Symbian-OS-Handy für UMTS-Netze.

Im September 2010 verlautbarten sowohl Samsung als auch Sony Ericsson, bei zukünftigen Smartphones auf Symbian zu verzichten.

Im November 2010 gaben Nokia und die Symbian Foundation nach dem Ausstieg von Sony Ericsson und Samsung aus der Foundation bekannt, dass die Verwaltung und Entwicklung der Plattform ab April 2011 komplett bei Nokia liegen werde. Die Symbian Foundation übernehme ab da nur noch die Lizenzierung der Plattform.

Bereits im Februar 2011 jedoch gab der in einer Krise befindliche Nokia-Konzern bekannt, seine Smartphones künftig vor allem mit dem Betriebssystem Windows Phone 7 von Microsoft ausstatten zu wollen. Auf dem Smartphone-Markt wird Symbian nach diesem Schritt voraussichtlich nur noch eine bedeutend geringere Rolle spielen, als bisher angenommen wurde.

Unter dem Namen *SYMBEOSE* („*Symbian – the Embedded Operating System for Europe*") soll die Symbian-Entwicklung ab 2011 im Rahmen des Forschungsrahmenprogramms der EU von der Europäischen Kommission mit elf Millionen Euro kofinanziert werden. Die gleiche Summe sollen insgesamt 24 europäische Technologiefirmen als Public Private Partnership in das Projekt einbringen, dessen Federführung die Symbian Foundation übernehmen und dessen Fokus unter anderem auf der Ausweitung der Anwendungsmöglichkeiten für Symbian liegen soll.

Technik und Versionen

Betriebssystem Symbian v9.2 auf dem Smartphone Nokia E90

Symbian v9.1 auf Nokia E61

Benutzeroberflächen

Im Gegensatz zum früheren Symbian OS, das ein zusätzliches User-Interface-System (UI) benötigte (entweder S60, UIQ oder MOAP(s)), beinhaltet die Symbian-Plattform eine UI-Komponente. Ursprünglich sollte diese Komponente ab der Version Symbian4 auf der Qt-basierten Oberfläche *Orbit* beruhen. Nach Ankündigungen von Nokia im Oktober 2010 werden die Änderungen direkt in Qt entwickelt, *Orbit* wird nicht weiter verwendet.

Nokia sah vor 2008 Touchscreens als zu teuer und anfällig an und setzte daher bis dahin hauptsächlich auf Oberflächen mit reiner Tastaturbedienung. Seit 2008 gibt es Smartphones, die auf Symbian S60 v5 basieren und per Touchscreen bedient werden (z. B. Nokia N97, Nokia 5800 Xpress Music, Samsung i8910 HD und das Sony Ericsson Satio). Ende 2010 erschienen die ersten Touchscreen-Geräte mit der komplett quelloffenen Symbian3-Plattform (u. a. Nokia N8), auf der letztmalig für Touchscreens eine weiterentwickelte Form von S60 zum Einsatz kommt.

Sicherheit

Durch die hohe Verbreitung von Symbian OS ist Symbian auch im Visier von Virenprogrammierern. Handy-Viren wie 'Skulls' oder 'ComWarrior' haben zwar nur ein recht kleines Schadenspotenzial, doch scheinen die Hersteller von Virenschutzprogrammen wie F-Secure oder Kaspersky hier zunehmend einen interessanten Markt zu sehen.

Durch die Einführung eines Zertifikatsystems bei S60 Version 3 Geräten (momentan mit OS 9.1, 9.2 & 9.3) ist das Ausführen von nicht erwünschtem Code erheblich eingeschränkt worden. Programme können nicht mehr ohne gültiges Zertifikat von SymbianSigned installiert werden, da jedes Installationspaket digital signiert werden muss. Hierdurch kann gecrackte oder mit Viren verseuchte Software nicht mehr ohne Umwege auf dem Mobilgerät installiert werden. Somit ist einer möglichen Verbreitung von Viren ein Riegel vorgeschoben worden und das Betreiben von Virenschutzprogrammen auf den betreffenden Geräten uninteressant. Jedoch zeigte der „Curse of Silence" eine Schwachstelle des gesamten SymbianOS, nur V3 FP2 ausgenommen. So ließ sich durch einfaches bzw. mehrfaches Senden einer SMS als E-Mail mit einem bestimmt langen Absender ein Buffer Overflow erzeugen, welcher zur Folge hatte, dass ein Empfangen von Nachrichten unmöglich wurde. Der Besitzer des Handys nimmt keinen Empfang dieser Nachricht wahr.

Versionsgeschichte (ab 2008)

Symbian1, die erste Version, ist die Basis der Plattform und als solche keine eigentliche Veröffentlichung der Symbian Foundation. Diese Version beinhaltet das „alte" Symbian OS und S60 5th Edition (das auf Symbian OS 9.4 aufbaut); es ist nicht als Open Source verfügbar.

Symbian2 ist die erste Version der Plattform, für die keine Lizenzgebühr verlangt wird. Obwohl Teile von Symbian2 unter der EPL lizenziert sind, steht der Großteil des Quellcodes unter der geschützten SFL-Lizenz und ist nur für Mitglieder der Symbian Foundation zugänglich. Am 1. Juni 2010 haben mehrere japanische Unternehmen, darunter NTT DoCoMo und Sharp, Smartphones mit Symbian2 für den japanischen Markt angekündigt.

Symbian3 wurde am 15. Februar 2010 angekündigt. Diese Version ist die erste vollständig quelloffen verfügbare Version der Plattform, nachdem die gesamte Codebasis Anfang Februar 2010 offengelegt wurde. Symbian3 beinhaltet einige neue Features, etwa Unterstützung für HDMI-Aufzeichnung und -Ausgabe, eine neue 2D- und 3D-Grafik-Architektur und User-Interface-Verbesserungen für eine leichtere Bedienung. Menüs sind jetzt mittels einfacher Berührung zugänglich (Vorgängerversionen benötigten teilweise zwei Klicks) und bis zu drei anpassbare Startbildschirme. Die Veröffentlichung des Symbian3-SDKs ist für Oktober 2010 geplant.

Die ersten Telefone mit der quelloffenen Version der Plattform sind Symbian3-Smartphones; vier dieser Geräte wurden bislang (Stand: September 2010) von Nokia noch für 2010 angekündigt: Das Nokia N8, das C6-01, C7 und E7.

Symbian4 wurde nach ursprünglichen Plänen für das erste Halbjahr 2011 erwartet. Kernstück von Symbian4 sollte eine komplett überarbeitete Benutzeroberfläche sein, die auf Qt basiert. Am 21. Oktober 2010 gab Nokia bekannt, die Symbian-Plattform für seine Geräte nicht mehr in großen Versionssprüngen (wie der Schritt von Symbian3 auf Symbian4) weiterzuentwickeln, sondern in kleineren Stücken, die Smartphone-Besitzern per Update sofort zur Verfügung gestellt werden. Als Beispiel wurde die Komplett-Überarbeitung der Nutzeroberfläche genannt, die ursprünglich erst mit Symbian4-Geräten eingeführt werden sollte, nach gegenwärtigem Stand aber auch bereits für Symbian3-Geräte kommen wird. Dementsprechend werde Nokia auch nicht mehr von Symbian3 oder Symbian4 sprechen, sondern nur noch von der Plattform als ganzes. Basis für diese Weiterentwicklung, die neben Symbian auch Meego bedienen soll, ist Qt. Mit dem Übergang der Entwicklung und Verwaltung der Plattform von der Symbian Foundation auf Nokia wird das auch der zukünftige Entwicklungsplan für die Plattform sein, die hochgestellten Versionsnummern sind ab Symbian3 obsolet.

Liste von Symbian-Smartphones

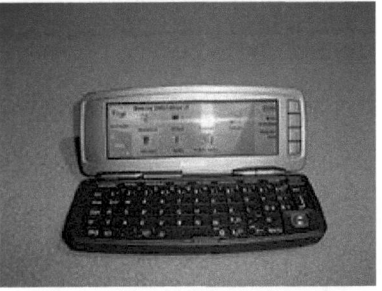

Symbian v7 auf dem Nokia 9300i

Symbian OS v6.0
- Nokia 9210 Communicator, 9210i Communicator, 9290 Communicator

Symbian OS v6.1
- Foma D901i, F2051, F2102V, F700i, F900i
- Nokia 3600, 3620, 3650, 3660, 7650, N-Gage, N-Gage QD
- Sendo X
- Siemens SX1

Symbian OS v7
- Arima U300, U308
- Benq P30, P31
- Panasonic V800
- Motorola A920, A925, A1000, A1010
- Nokia 3230, 6260, 6600, 6620, 6670, 7610, 7710, Communicator 9300, Communicator 9300i, Communicator 9500
- Panasonic X700, X800
- Samsung SGH-D720, SGH-D730
- Sony Ericsson P800, P900, P910

Symbian OS v8
- Lenovo P930
- Nokia 6630, 6638, 6680, 6681, 6682, N72
- Samsung SGH-i520 Samsung SGH-D720 Samsung SGH-D730

Symbian OS v8.1a/b
- Nokia N70, N90

Symbian OS v9.1
- Nokia 3250, 5500
- Nokia E50, E60, E61, E61i, E62, E65, E70
- Nokia N71, N73, N75, N77, N80, N80ie, N91, N92, N93, N93i
- Nokia 6110 Navigator

UIQ v3.0
- Sony Ericsson P990, M600, W950, P1, P1i, W960, G900, G700

UIQ v3.1
- Motorola RIZR Z8/Motorola Nahpohos Z8

UIQ v3.2
- Motorola RIZR Z10 (UIQ 3.2)

Symbian OS v9.2
- LG KS10 *JoY*, KT610
- Samsung SGH-i520, i550, i560
- Motorola Z8
- Nokia E51, E63, E66, E71, E90

- Nokia N76, N81 (8GB), N82, N95, N95 (8GB)
- Nokia 5700 XpressMusic, 6120 classic, 6121 classic, 6290, 6124 classic
- Samsung SGH-G810

Symbian OS v9.3
- Nokia C5
- Nokia E52, E72, E75, E55
- Nokia N78, N79, N85, N86 8MP, N96
- Nokia 5630 XpressMusic, 5730 XpressMusic, Nokia 6710 Navigator, 6220 classic, 6650 (t-mobile), 5320 XpressMusic
- Samsung i8510 Innov8, Samsung i7110, Samsung SGH-i550, Samsung SGH-L870

Symbian OS v9.4/Symbian1/ Symbian S60 5th
- Nokia 5530 XpressMusic, Nokia 5228, Nokia 5230, Nokia 5235, Nokia 5250, Nokia 5800 XpressMusic, Nokia 5800 Navigation Edition
- Nokia N97, Nokia N97 mini
- Nokia X6-00
- Nokia C5-03
- Nokia C6-00
- Samsung i8910 HD
- Sony Ericsson Satio (Konzeptname: *Idou*)
- Sony Ericsson Vivaz (pro)

Symbian3/Symbian „Anna"
Das System *Symbian3* wird mit „Anna" erstmals unter dem klingenden Namen vermarktet.
- Nokia N8-00
- Nokia E6-00
- Nokia E7-00
- Nokia C6-01
- Nokia C7-00
- Nokia X7-00

Symbian Anna bietet im Vergleich zum Vorgänger eine Verbesserte Texteingabe inklusive Portrait-QWERTZ-Eingabe, einen aktualisierten Browser, einen vollwertigen VPN-Client sowie eine hardwarebeschleunigte Verschlüsselungsfunktion. Nach Angaben von Nokia Deutschland soll Symbian Anna schrittweise ab August 2011 als Update für alle Geräte mit Symbian3 bereitgestellt werden. Das Nokia E6 und Nokia X7-00 enthalten Symbian Anna bereits im Auslieferungszustand.

Literatur
- Tam Hanna: *Symbian – Anwendungs- und Spieleentwicklung für S60v3, S60v5 und Symbian3* – Open Source Press, Dezember 2010, ISBN 978-3-941841-33-8

Von „http://de.wikipedia.org/wiki/Symbian-Plattform"

Windows Phone 7

Windows Phone 7 ist ein Betriebssystem für Mobiltelefone vom Softwarehersteller Microsoft und die Fortsetzung der Software Windows Mobile, die im Rahmen der Einführung von Windows Phone 7 in Windows Phone Classic umbenannt wurde. Der zugehörige Onlineshop für Anwendungen und Spiele ist der Windows Phone Marketplace.

Geräte mit Windows Phone 7 sind in Deutschland seit dem 21. Oktober 2010 erhältlich. Die Entwicklung von Windows Phone 7 wurde Ende August/Anfang September 2010 offiziell abgeschlossen und seit Anfang September 2010 wird es an die Gerätehersteller und Partner von Microsoft ausgeliefert.

Windows Phone 7 ist für die Bedienung mittels Fingern und Multi-Touch konzipiert, während der Vorgänger Windows Mobile an die Oberfläche der Desktop-Varianten von Windows angelehnt war und auf eine Bedienung mit Hilfe von Eingabestiften setzte.

Konzeptionell basiert die Benutzeroberfläche von Windows Phone 7 auf der Oberfläche des Zune-HD.
Hinweis: Eine komplette Liste der Veränderungen findet man im offiziellen Windows Phone-Updateverlauf.

„Hubs" und „Live Tiles"

Eine Neuerung ist, dass Microsoft die Schwerpunkte Kontakte, Office, Bilder, Social Networks, Musik, Video und Spiele in „Hubs" unterteilt hat. Diese Hubs stellen die Basis für weitere Funktionen dar, die direkt in das Betriebssystem integriert sind und sich den so genannten „Live Tiles" mit Hilfe von Drag and Drop als interaktiven Button auf dem Startbildschirm einbinden lassen. Seine Darstellung ändert sich, falls es eine Softwareaktualisierung oder eine Statusänderung in der Applikation gibt. So lassen sich unter dem Hub Kontakte alle Kontakte aus Facebook, Outlook, Google Mail und z. B. Twitter zusammenfassen und Statusänderungen direkt auf dem Startbildschirm anzeigen. Auch kann der Anwender über das

Telefon mit seinen Kontakten interagieren.

Xbox Live und Spiele

Der Hub „Spiele" stellt eine Anbindung zu Xbox Live dar. So soll es möglich sein, über den Marketplace multimediale Artikel für das Gerät zu beziehen. Diese Spiele können vollständig in die Xbox-Live-Dienste integriert werden. So können beispielsweise zwei Spieler (einer an der Xbox 360 und einer an einem Windows-Phone-7-Gerät) gegeneinander spielen. Des Weiteren lassen sich Spiele mit Visual Studio als ein Projekt plattformübergreifend für PC, Windows-Phone-7-Gerät und Xbox erstellen. So kann ein Anwender ein Spiel auf dem PC beginnen, auf dem Mobiltelefon weiter spielen und auf der Xbox beenden.

Hardwareanforderungen

Telefone, die Windows Phone 7 verwenden, müssen bestimmte, durch Microsoft festgelegte Auflagen erfüllen. So muss das Gerät mindestens 256 MB Arbeitsspeicher sowie mindestens 8 GB Flash-Speicher besitzen. Weiterhin müssen ein Kompass, ein GPS-Empfänger sowie ein Beschleunigungs- und Lagesensor verbaut sein. Eine weitere Voraussetzung ist ein kapazitiver Multi-Touchscreen. Zudem muss ein Gerät mindestens eine 5-Megapixel-Kamera sowie eine Mobilfunk- und WLAN-Schnittstelle besitzen. Für Mobiltelefone mit Windows Phone 7 dürfen nur drei Gehäuseformen verwendet werden, Touchscreen-Mobiltelefone (vgl. Apple iPhone), Touchscreen-Mobiltelefone mit ausklappbaren QWERTZ-Tastaturen sowie die klassische Riegelform. Am Gehäuse selbst müssen sich unter dem Touchscreen drei Knöpfe für die Funktionen „Zurück", „Suche" und „Homescreen" finden. Des Weiteren muss der integrierte Prozessor über eine Taktfrequenz von mindestens einem Gigahertz verfügen und ein separater Grafikprozessor mit DirectX-9-Unterstützung eingebaut sein. In dieser Konfiguration sollten alle Windows Phone 7 Geräte HD-fähig sein. Des Weiteren untersagt Microsoft den Herstellern, die Oberfläche von Windows Phone 7 zu individualisieren, wie es beispielsweise HTC bei Windows Phone Classic mittels der eigenen HTC-Sense Oberfläche gemacht hat.

Mit dem HTC Arrive werden auch CDMA2000-Mobilfunknetze in den USA unterstützt.

Geräte mit WP7 und Marktanteil

Am 11. Oktober 2010 wurden die ersten Windows-Phone-7-Geräte offiziell vorgestellt. Zwei Monate nach dem Verkaufsstart wurden laut Microsoft insgesamt rund 1,5 Millionen mobile Geräte mit Windows Phone 7 an Händler ausgeliefert, allerdings machte Microsoft keine Angaben darüber, wie viele Geräte tatsächlich an Endkunden verkauft wurden. Im März 2011 wurde bekannt, dass der Weltmarktanteil von Geräten mit Microsoft-Betriebssystem seit und trotz der Einführung von Windows Phone 7 um weitere 20 % gesunken ist.

Im ersten Quartal 2011 wurden weltweit etwa 2,5 Millionen Geräte mit WP7 in den Handel gebracht, und 1,6 Millionen Geräte an Endkunden verkauft. Der Windows-Marktanteil im Smartphonemarkt (zusammen mit Windows Mobile, von dem im ersten Quartal 2011 etwa 2 Millionen Geräte verkauft wurden) sank im Vergleich zum ersten Quartal 2010 von 6,8 % auf 3,6 %.

Analysen von IDC und Gartner gehen davon aus, dass Windows Phone bis 2015 einen Marktanteil von ca. 20 % erreichen wird.

Mit der am 11. Februar 2011 angekündigten Allianz zwischen Microsoft und Nokia wird Windows Phone 7 zukünftig das bevorzugte Betriebssystem auf Nokia-Smartphones werden und löst das Symbian OS im High-End-Segment vollständig ab. Im direkten Vergleich zu Symbian, nach klassischen Features gemessen, bietet Windows Phone derzeit jedoch deutlich weniger Funktionalitäten.

Software-Entwicklung/ Anwendungskompatibilität

Software für Windows Phone 7 wird mit C# und VB.net in den Technologien Silverlight und XNA entwickelt. Dadurch funktionieren die für Windows Mobile verfügbaren Anwendungen unter Windows Phone 7 nicht mehr. Unter anderem wird Firefox Mobile nicht für Windows Phone 7 erscheinen. Für die Entwicklung für das Windows Phone-System stellt Microsoft das kostenlose Paket „Windows Phone Developer Tools" zur Verfügung. Es beinhaltet Visual Studio 2010 Express for Windows Phone, einen Emulator, die Silverlight- und XNA-Ressourcen und Expression Blend zur Gestaltung der Oberflächen. Die Entwickler-Tools sind mit Visual Studio 2010 kompatibel und ausschließlich für Windows Vista und Windows 7 verfügbar.

Multitasking wurde stark eingeschränkt. Systemeigene Anwendungen wie Telefon, Musikplayer oder Webbrowser können im Hintergrund geöffnet bleiben. Apps von Drittanbietern laufen dagegen im Hintergrund nicht. Dies wird damit begründet, dass Hintergrundprozesse die Akkulaufzeit stark reduzieren können. Allerdings wird beim Beenden der Status gespeichert (Tombstoning), damit beim Wiederaufrufen zu der Stelle gesprungen wird, an der die Anwendung verlassen wurde. Das Konzept ist vergleichbar mit der Umsetzung von „Multitasking" bei iOS mit dem Unterschied, dass es noch keine Schnittstellen für Hintergrund-Audio, GPS und Datenverkehr im Hintergrund gibt.

Kritik

Windows Phone 7 hat in der Fachpresse und durch Benutzer einige Kritik geerntet, u.a. aufgrund der Tatsache, dass es ein ähnlich geschlossenes System wie Apples iOS ist und diverse von Windows Mobile vertraute Funktionen fehlen. Auch das Verbot für Hersteller, eigene Oberflächen zu entwickeln ist ein Negativpunkt. Auch der Browser von Windows Phone 7, der auf Internet Explorer 7 basiert, wurde heftig kritisiert, da dieser beim Acid3-Benchmark gerade einmal 5 % der Punkte bekommt. Zur sinnvollen Nutzung der Handyfunktionen insbesondere des Marketplace ist eine Windows-Live-ID erforderlich. Sobald diese eingerichtet ist, synchronisiert Windows Phone 7 ohne Vorwarnung das komplette Handy-Telefonbuch und die Kalendereinträge mit dem Live-Konto im Internet und dies lässt sich nicht verhindern. Die Synchronisation kann nachträglich über die Kontenverwaltung auf „manuell" gestellt und somit deaktiviert werden. Weitere Kritikpunkte sind, dass mit Windows Phone 7 keine direkte Synchronisation mit Outlook via USB oder Bluetooth mehr durchgeführt werden kann. Eine Handy-Ansteuerung über eine Bluetooth-Tastatur ist auch nicht möglich, obwohl die Office-Software so etwas geradezu herausfordert. Der interne Speicher eines Smartphones wird von einem PC nicht mehr als Massenspeicher erkannt. Eine Erweiterung des Speicherplatzes ist zwar per Micro-SD-Karte möglich, die Hersteller machen hiervon aber keinen Gebrauch - mit Ausnahme von Samsung beim Focus, das im europäischen Raum aber nicht erhältlich ist.

Rätselhafter Phantom-Traffic

Einige Nutzer des mobilen Betriebssystems beschweren sich, da ihr Handy einen hohen Datenverbrauch aufwies. Davon betroffen waren Handy-Nutzer ohne Internet-Flat, auch wenn sie selten mit ihrem Smartphone ins Internet gingen. Nutzer mit einer Flatrate bekamen nach wenigen Stunden ihre Bandbreite gedrosselt, da das Maximalvolumen nach Tarif bereits erreicht war. Microsoft hat bestätigt, dass die Ursache für den erhöhten Traffic beim E-Mail-Anbieter Yahoo! zu suchen ist, da dieser aufgrund einer fehlerhaften IMAP-Implementierung bis zu 25 Mal mehr Daten sendet als nötig sei. Dieses Problem ließ sich auch auf dem IPhone nachstellen. Laut Yahoo liegt die Ursache bei einer fehlerhaften Implementierung bei Windows Phone 7 und tritt daher auch nur bei Smartphones mit diesem Betriebssystem auf, wogegen laut Rafael Rivera das Problem auch bei iOS-Geräten auftrat, was eher für einen Fehler des Yahoo-Server spricht. Am 12. März 2011 aktualisierte Yahoo seine IMAP-Server mit einer neuen Software-Version, die das Problem behebt.
Von „http://de.wikipedia.org/wiki/Windows_Phone_7"

HTC 7 Mozart

Das **HTC 7 Mozart** ist ein Windows Phone 7 Smartphone des Herstellers HTC Corporation.

Geschichte

Windows Phone 7 wurde im Oktober 2010 freigegeben und an die ersten Hersteller ausgeliefert. Das HTC 7 Mozart ist seit dem 3. November 2010 über T-Mobile erhältlich.

Technik im HTC 7 Mozart

Das HTC 7 Mozart hat einen 3,7 Zoll kapazitiven Touchscreen mit Multitouch sowie einen 1-GHz ARM Cortex A8 Prozessor, der auf einem Qualcomm QSD8250 Snapdragon Chipsatz angebracht ist. Als Betriebssystem wird Microsoft Windows Phone 7 genutzt. Das Smartphone hat eine 8-Megapixel-Kamera mit Xenon-Blitzlicht, die in der Lage ist Videos mit 720p (HD) aufzunehmen. Die Speicherkapazität des internen Speichers beträgt 16 GB; der Arbeitsspeicher hat 576 MB. Drahtlos kommuniziert das 7 Mozart per GPRS, EDGE, UMTS, Wi-Fi (802.11 b/g/n) und Bluetooth 2.1. Es besitzt einen G-Sensor, einen Umgebungslichtsensor, einen Annäherungssensor und einen digitalen Kompass. Der Akku hält laut Hersteller bei der Gesprächszeit bis zu 320 Minuten, bei der Standby-Zeit bis zu 320 Stunden durch. Die Maße des 7 Mozart betragen 119 mm × 60,2 mm × 11,9 mm und es wiegt 130 g.
Von „http://de.wikipedia.org/wiki/HTC_7_Mozart"

HTC 7 Trophy

Das **HTC 7 Trophy** ist ein Smartphone des taiwanischen Herstellers HTC Corporation, welches mit Windows Phone 7 betrieben wird. Es wurde im Oktober 2010 vorgestellt und ist in Deutschland über Vodafone zu haben. Verwandte Geräte sind das HTC HD7 und das HTC 7 Mozart.

Merkmale

HTC teilte seine Launch-Geräte für Windows Phone 7 in verschiedene Kategorien ein, wobei sich das *HTC 7 Trophy* besonders für Videospiele eignen soll. Der offizielle Slogan für das *HTC 7 Trophy* lautet *„Die Power von XBOX Live in Ihrer Hand"* und spielt auf die Integration von Xbox Live an, welche jedoch in jedem *Windows Phone* existent ist. Im Weiteren richtet sich das Smartphone an den von Microsoft gesetzten Mindestanforderungen an *Windows Phone*-Geräte.

Inwieweit das *HTC 7 Trophy* besser für Videospiele geeignet sein soll als die – hardwareseitig nahezu identischen – Schwesternmodelle HTC HD7 oder HTC 7 Mozart wurde seitens HTC nie ausgeführt.
Von „http://de.wikipedia.org/wiki/HTC_7_Trophy"

HTC HD7

Das **HTC HD7** (auch bekannt als HTC Schubert, HTC HD3) ist ein Smartphone des taiwanesischen Herstellers HTC Corporation. Es nutzt das Betriebssystem Windows Phone 7.

Hintergrund und Entwicklung

Das HTC HD7 gehört zu den ersten verfügbaren Smartphones, welche Microsofts neustes mobiles Betriebssystem Windows Phone 7 einsetzen. Um (ähnlich dem Apple iPhone) eine gesicherte Qualität zu erlangen, setzte Microsoft strenge (Mindest-)Anforderungen an die Geräte-Hersteller fest, was in einigen Bereichen zu starken Einschränkungen und einer Erschwerung bei der Schaffung eines Alleinstellungsmerkmales führt. So glänzte das erste HD-Modell des Herstellers HTC (wobei HD als Abkürzung für "High Definition", also hochauflösend steht), das HTC Touch HD, mit einer bis anhin noch nicht dagewesenen hohen Display-Auflösung. Bei Windows Phone 7-Geräten ist WVGA (480×800 Pixel) eine feste Vorgabe, was den eigentlichen Sinn hinter dem Gerätenamen ad absurdum führt. Auch HTCs sehr beliebte Weiterentwicklung der Benutzeroberfläche, HTC Sense, kann künftig nicht mehr in dem Rahmen eingesetzt werden wie noch unter Windows Mobile und Android.

Markteinführungen und Vertrieb

Das HTC HD7 ist seit dem 21. Oktober 2010 offiziell in Europa erhältlich . Neben dem freien Handel wird das Smartphone auch in Kooperation mit verschiedenen Mobilfunkkonzernen angeboten.

Deutschland

In Deutschland ist das HTC HD7 exklusiv beim Anbieter O2 erhältlich .

Die Version, welche von O2 angeboten wird, verfügt im Gegensatz zum europäischen Standard über 16 GB statt nur 8 GB Speicher .

O2 gab bekannt, dass das HD7 schon nach der ersten Woche komplett ausverkauft war.

Österreich

Als Partner für den Vertrieb des HD7 konnte HTC in Österreich das Mobilfunkunternehmen A1 sowie deren Konkurrenten "3" gewinnen .

Schweiz

In der Schweiz erhielt jedes der drei großen Mobilfunkunternehmen jeweils eines der drei HTC WP7-Smartphones, welche für den europäischen Raum freigegeben wurden, zugesprochen. Hierbei erhielt Sunrise den Zuschlag für das HTC HD7; Orange vertreibt künftig das HTC 7 Mozart und die Swisscom das HTC 7 Trophy .

Technik

Chipset

Als Hardware-Basis kommt ein Snapdragon-Chipset des Typs QSD8250 zum Zuge, welches bereits im Vorgänger HTC HD2 verbaut war. Der mit 1 Ghz taktende Prozessorkern namens Scorpion ist vergleichbar mit dem *ARM-Cortex-A8*-Kern und wird von 576 MB Arbeitsspeicher unterstützt. Grafische Berechnungen übernimmt der fest auf der Platine verbaute Adreno 200-Chip von Qualcomm, welcher unter anderem den OpenGL ES 2.0- sowie Direct3D-Standard beherrscht.

Das QSD8250-Chipset stellt die erste Generation der Snapdragon-Produktelinie dar und unterstützt mehrere Mobilfunkstandards, darunter GPRS, EDGE, UMTS und HSPA.

Zudem beinhalten alle Snapdragon-Chipsets Recheneinheiten zum Dekodieren von HDTV mit einer Auflösung von 720p sowie einen GPS-Empfänger.

Display

Das HD7 verfügt über einen 4,3 Zoll (10,9 cm) großen kapazitiven Multi-Touch-Screen, welcher mit 480×800 Pixel (WVGA) auflöst und eine Farbtiefe von 24 Bit (nach dem HTC Update nur noch 16 Bit) anzuzeigen vermag, was rund 16,78 Millionen Farben entspricht (True Color).

Speicher

Entgegen anderen Modellen, wie etwa dem Samsung Omnia 7, kommt im HTC HD7 kein festgelöteter NAND-Speicher zum Zuge, sondern ein interner, nicht frei zugänglicher SD-Kartenslot. Je nach Ausführung befindet sich in dem Kartenslot eine 8 oder 16 GB SDHC-Speicherkarte der Geschwindigkeitsklasse Class 4 des Herstellers SanDisk. Der interne ROM-Speicher mit einer Kapazität von 512 MB wird hierbei, gemeinsam mit der SD-Karte, in einem JBOD-Verbund zu einem Speicher zusammengefügt; innerhalb des Betriebssystems kann also nicht mehr zwischen ROM oder SD-Karte unterschieden werden.

Kamera

Die integrierte Kamera kann Fotos mit einer Auflösung bis zu 5 Megapixel (2. 560 × 1.920 Pixel) schießen. Zur Lichtmessung kommt ein aktiver Pixelsensor (auch bekannt als "CMOS-Sensor") zum Zuge. Unterstützung erhält die Kamera dabei von einem Dual-LED-Blitzlicht. Die Kamera kann zudem Filme mit einer Auflösung bis zu 720p (1280 × 720 Pixel) aufnehmen. Im Weiteren stehen dem Nutzer verschiedene Aufnahmeprogramme zur Verfügung, darunter *Kerzenschein*, *Landschaft* und *Portrait*.

Funkverbindungen

Drahtlos kommuniziert das HD7 per WLAN-Standard 802.11 b/g/n, GPRS, EDGE, UMTS, HSPA und Bluetooth 2. 1. Zudem ist eine A-GPS-Antenne eingebaut.

Es werden die Bluetooth-Profile A2DP, AVRCP, HFP, HSP und PBAP unterstützt.

Sensoren

Als Sensoren dienen ein G-Sensor, ein digitaler Kompass, ein Näherungssensor sowie ein Umgebungslichtsensor.

Abmessungen und Gewicht

Die Maße des Smartphones betragen 122×68×11,2 mm (H×B×T), wobei das Gerät auf ein Gewicht von 162 Gramm (mit Akku) kommt.

Akkumulator

HTC verbaut einen Lithium-Ionen-Akku mit einer Nennladung von 1230 mAh.

Gemäß Angaben seitens HTC reicht

der Akku im GSM-Netz für rund 380 Minuten Gespräch oder 310 Stunden (entspricht knapp 13 Tagen) im Standby.

Besonderheit

Als Besonderheit hat das HD7 einen sogenannten "Kickstand" (Ständer) erhalten, wodurch sich das Gerät für den medialen Genuss aufrecht auf einer Tischplatte positionieren lässt.

Neben dem HTC HD7 erhielt nur das in Europa (aktuell) nicht erhältliche HTC 7 Surround einen solchen Ständer.

Unterschied zu Mozart, Trophy und Co.

Die Modelle HTC 7 Trophy sowie HTC 7 Mozart, welche ebenfalls am 11. Oktober 2010 offiziell vorgestellt wurden, gehören zur selben Veröffentlichungs-Generation von HTC für WP7 wie das HTC HD7. Noch unklar ist, ob das Modell HTC 7 Surround in D-A-CH oder generell in Europa erscheinen wird. Das einzige Gerät der ersten Generation von *Windows Phones* mit Hardware-Tastatur, das HTC 7 Pro, wurde vom Provider O2 für den Januar 2011 für den deutschen Markt angekündigt.

Da die Launch-Geräte von HTC für Windows Phone 7 alle die gleiche Hardware-Basis haben, sind die Unterschiede teilweise erst im Detail zu finden.

Modifikationen

Erweiterung des internen Speichers

Nur wenige Tage nach dem offiziellen Release des HTC HD7 wurden bereits erste Berichte veröffentlicht, in denen geschildert wird, wie der interne Speicher durch Ersetzung der SDHC-Karte erweitert werden kann. Hierfür müssen an mehreren Stellen unterhalb des Akku-Faches Torx-Schrauben gelöst werden, um an den Kartenslot zu gelangen. Wird allerdings die Karte, welche über eine maximale Kapazität von 32 GB verfügen darf, getauscht, so wird das Betriebssystem aufgrund der Trennung des JBOD-Verbundes von ROM und SD-Karte unbrauchbar und muss mittels Hardreset komplett rückgesetzt werden; es werden also sämtliche persönlichen Daten gelöscht.

Gemäß mehreren Berichten innerhalb der Online-Community XDA-Developers funktionieren zudem nicht alle SDHC-Karten. Während Karten des Herstellers SanDisk, welche auch standardmäßig von HTC eingebaut werden, scheinbar problemlos funktionieren, so erwiesen sich die getesteten 32 GB-Versionen von Kingston als unbrauchbar.

Ein weiteres Problem stellt die Tatsache dar, dass die nun entfernte SD-Karte aufgrund einer unbekannten Formatierung nicht ohne weiteres abseits eines WP7-Smartphones, beispielsweise am Computer oder in einer Digitalkamera, benutzt werden kann. Hier hilft aktuell lediglich ein Workaround unter Beizug eines Symbian-Smartphones.

Auf der Video-Plattform YouTube wurde ein Video veröffentlicht, welches den Wechsel der SD-Karte im Detail zeigt, ohne dass ein Verlust der Garantie erfolgt.

Kritik aus der Community

Vor Bekanntgabe der Leistungsdaten

Vor der offiziellen Ankündigung seitens HTC kursierten viele Spekulationen hinsichtlich der möglichen Leistungsdaten des HD7, welche die Messlatte der Erwartungen bei den Interessenten sehr hoch anlegte. Dies insbesondere deswegen, da die "HD"-Modell von HTC bis dahin stets als die Flaggschiffe des eigenen Portfolios galten. Die Gerüchte prophezeiten dem HD7 (damals noch "HD3" genannt) unter anderem ein 4,5 Zoll Display mit einer Auflösung von 800×1280 Pixeln sowie einem 1,5 GHz starken Snapdragon-Chipset. Neben der Möglichkeit Full-HD-Filme (1080p) wiederzugeben, sollte das HD7 auch bereits den neusten 4G-Standard LTE implementiert haben. HTC kommentierte oder bestätigte solcherlei Gerüchte nie.

Reaktionen aus der Community

Entsprechend hoch war dann die Zahl derer die enttäuscht waren, als die ersten effektiven Randdaten des Gerätes veröffentlicht wurden. Vor allem die Tatsache, dass sich das Gerät kaum von seinem Vorgänger, dem einjährigen HTC HD2, unterschied, sorgte für großen Frust.

Wahl des Snapdragon-Chipsets

Auf großes Unverständnis stieß die Wahl des verbauten Snapdragon-Chipsets - Mit dem QSD8250 wurde die erste und somit älteste Generation gewählt, wohingegen HTC in der Android-Sparte bei Geräten wie dem HTC Desire HD bereits die zweite Generation (MSM8255) einbaute. Durch den Shrink von 65 nm auf 45 nm konnte bei den neueren Chipsets nicht nur die Leistungsfähigkeit erhöht, sondern auch der Energieverbrauch gesenkt werden. Zudem sanken die Produktionskosten, da mehr Dies per Wafer gefertigt werden können.

Ein weiterer Nachteil bei der Verwendung des älteren Snapdragon-Chipsets liegt in der verbauten GPU. War die erste Generation noch mit einer Adreno 200-GPU bestückt, so verrichtet in der zweiten Generation die deutlich leistungsfähigere Adreno 205 ihre Dienste. In einem Durchlauf des "3DMarkMobile ES 2.0" Benchmarks der Firma Rightware (vormals der Firma Futuremark), wurde der Adreno 205-GPU rund vier mal höhere Leistungswerte zugesprochen als noch dem Vorgänger Adreno 200.

Kapazität des internen Speichers

Als absolutes No-go stellte für viele jedoch erst die Tatsache dar, dass HTC einem Gerät, welches auf die mediale Nutzung ausgelegt ist, nur 8 GB Speicher ausstattete. Dies empfinden viele gerade deswegen als frappant, da das Gerät über keinen frei zugänglichen Speicherkarten-Slot verfügt, der Speicher also nicht ohne Modifikation erweitert werden kann *(Siehe auch: Erweiterung des internen Speichers)*. Einige Mobilfunkanbieter, wie etwa der deutsche Anbieter O2, wirken dem mit einer Sonderversion mit 16 GB verbautem Speicher entgegen.

Von „http://de.wikipedia.org/wiki/HTC_HD7"

Samsung Omnia 7

Das **Samsung Omnia 7** (auch bekannt als Samsung I8700) ist ein Smartphone des südkoreanischen Herstellers Samsung Electronics. Es nutzt das Betriebssystem Windows Phone 7.

Hintergrund und Entwicklung

Das Samsung Omnia 7 stellt Samsungs erstes Smartphone für Microsofts neustes mobiles Betriebssystem Windows Phone 7 für den europäischen Markt dar. Das Schwestermodell Samsung Focus, welches im Gegensatz zum Omnia 7 über einen SD-Kartenslot verfügt, ist vorerst in Europa nicht erhältlich.

Technik

Chipset

Als Hardware-Basis kommt ein Snapdragon-Chipset des Typs QSD8250 zum Zuge. Der mit 1 GHz taktende Prozessorkern namens Scorpion ist vergleichbar mit dem *ARM-Cortex-A8*-Kern und wird von 512 MB Arbeitsspeicher unterstützt.

Grafische Berechnungen übernimmt der fest auf der Platine verbaute Adreno 200-Chip von Qualcomm, welcher unter anderem den OpenGL ES 2.0- sowie Direct3D-Standard beherrscht.

Das QSD8250-Chipset stellt die erste Generation der Snapdragon-Produktlinie dar und unterstützt mehrere Mobilfunkstandards, darunter GPRS, EDGE, UMTS und HSPA.

Zudem beinhalten alle Snapdragon-Chipsets Recheneinheiten zum Dekodieren von HDTV mit einer Auflösung von 720p sowie einen GPS-Empfänger.

Display

Das Omnia 7 verfügt über einen 4,0 Zoll (10,2 cm) großen kapazitiven Multi-Touch-Screen, welcher mit 480 × 800 Pixel (WVGA) auflöst und eine Farbtiefe von 24 Bit anzuzeigen vermag, was rund 16,78 Millionen Farben entspricht (True Color). Das *Samsung Omnia 7* ist das einzige für den europäischen Markt freigegebene Windows Phone 7-Smartphone der ersten Generation, welches über ein Super-AMOLED-Display verfügt.

Speicher

Entgegen anderen Modellen, wie etwa dem HTC HD7, kommt im *Samsung Omnia 7* anstatt eines internen SD-Kartenslot ein festgelöteter NAND-Speicher zum Zuge. Dies führt zum einen zwar dazu, dass es unmöglich ist, den internen Speicher zu erweitern, wie es beispielsweise bei den HTC-Modellen möglich ist. Die Verwendung des NAND-Speichers führt in der Praxis jedoch zu einer deutlich kürzeren Ladezeit von Programmen oder dem Betriebssystem selbst. Auf der Videoplattform YouTube ist ein Vergleich der Ladezeiten zwischen einem *Samsung Omnia 7* und einem hardwareseitig nahezu identischem HTC 7 Trophy zu sehen.

Kamera

Die integrierte Kamera kann Fotos mit einer Auflösung bis zu 5 Megapixel (2560 × 1920 Pixel) schießen. Zur Lichtmessung kommt ein aktiver Pixelsensor (auch bekannt als "CMOS-Sensor") zum Zuge. Bei schlechten Lichtverhältnissen erhält die Kamera zudem Unterstützung durch ein zuschaltbares LED-Licht. Filme können mit einer Auflösung bis zu 720p (1280 × 720 Pixel) aufgenommen werden bei einer Bildwiederholrate von 24 FPS. Außerdem stehen dem Nutzer verschiedene Aufnahmeprogramme zur Verfügung, darunter *sepia*, *antik*, *mono* und *negativ*. Zur Aufnahme von entfernten Objekten existiert ein 4-facher-Digitalzoom. Fotos werden im verbreiteten JPEG-Format abgespeichert.

Funkverbindungen

Drahtlos kommuniziert das *Samsung Omnia 7* per WLAN-Standard 802.11 b/g/n, GPRS, EDGE, UMTS, HSPA und Bluetooth 2.1. Zudem ist eine A-GPS-Antenne eingebaut. Es werden die Bluetooth-Profile A2DP, AVRCP, HFP, HSP und PBAP unterstützt.

Sensoren

Als Sensoren dienen ein G-Sensor, ein digitaler Kompass, ein Näherungssensor sowie ein Umgebungslichtsensor.

Abmessungen und Gewicht

Die Maße des Smartphones betragen 122,4 × 64,2 × 10,99 mm (H × B × T), wobei das Gerät auf ein Gewicht von 138 Gramm (mit Akku) kommt.

Akkumulator

Samsung verbaut einen Lithium-Ionen-Akku mit einer Nennkapazität von 1500 mAh.

Gemäß Angaben seitens Samsung reicht der Akku im 2G-Netz für rund 520 Minuten (8,6 h) Gespräch oder 390 Stunden (entspricht rund 16 Tagen) im Standby.

Im 3G-Netz verkürzt sich die Gesprächszeit nach offiziellen Angaben auf 370 Minuten (6,2 h) und die Standby-Zeit auf 330 Stunden (entspricht knapp 14 Tagen).

Im Smartphone-Forum *PocketPC.ch* wurde eine Umfrage unter den *Samsung Omnia 7*-Benutzern durchgeführt, welche die durchschnittliche Akkulaufzeit ermitteln sollte.

Die Umfrage ergab, dass bei häufiger Verwendung die Nutzdauer durchschnittlich um die zwei Tage beträgt, bei intensiver Nutzung muss das Smartphone täglich an die Steckdose. Diese Werte sind leicht überdurchschnittlich im Vergleich zu ähnlich leistungsfähigen Smartphones, was sowohl dem Umstand der großen Akkukapazität von 1500 mAh geschuldet ist wie auch der stromsparenden AMOLED-Display-Technologie.

Besonderheit

Das Alleinstellungsmerkmal des *Samsung Omnia 7* dürfte zweifelsohne der, herkömmlichen TFT-Displays technologisch überlegene, Super AMOLED-Bildschirm sein.

Zudem verfügt das Gerät, gemeinsam mit dem LG Optimus 7, über den kapazitiv größten Akkumulator aller "Windows Phone 7"-Smartphones.

Bekannte Probleme

MMS-Probleme bei Branding

Wird ein Windows-Phone-7-Gerät bei einem Provider gekauft, so sind die MMS-Einstellungen bereits ab Fertigung fest hinterlegt. Problematisch wird diese Tatsache, wenn das Gerät in einem anderen Netz genutzt werden möchte - Windows Phone 7 bietet bis dato keine Möglichkeit, die MMS-Einstellungen zu ändern. Da viele der im freien Handel erhältlichen Geräte, welche also ohne Abonnement verkauft werden, ebenfalls gebrandet sind, führt dies zwangsläufig zu Problemen bei der MMS-Nutzung.

Dies betrifft insbesondere die in Deutschland erhältliche 16-GB-Versionen des *Samsung Omnia 7*, da diese zwar im freien Handel verkauft werden, allerdings trotzdem über ein T-Mobile Branding verfügen.

Betroffen von dieser Problematik sind sämtliche Gerätehersteller von "Windows Phone 7"-Smartphones, allerdings haben HTC und Samsung bereits ein Tool entwickelt, welches dem Problem entgegenwirkt.

Beim *Samsung Omnia 7* können mit der Samsung-Anwendung *Netzprofil* die Provider-Einstellungen manuell hinterlegt werden. Zu finden ist das Programm im *Windows Phone 7 Marketplace* in der Kategorie *Samsung Zone*. Mit dem Tool können auch allfällige Verbindungsprobleme mit dem Internet behoben werden.

Probleme mit Vorbereitungsupdate

Anfang Januar wurde von Microsoft ein erstes Update für Windows Phone 7 angekündigt, welches einige Neuerungen und Verbesserungen mit sich bringt - unter anderem die lang erwartete *Copy &Paste*-Funktion. Dieses Update trägt den Namen *NoDo* (*No Donut*).

Am 21. Februar 2011 wurde von Microsoft ein erstes Update freigegeben, dessen einzige Funktion darin bestand, die *Windows Phones* auf das kommende *NoDo*-Update vorzubereiten. Dieses führte bei vielen *Windows Phones* zu Problemen, betroffen waren insbesondere die *Samsung Omnia 7*. Microsoft empfahl Nutzern des *Omnia 7* darauf hin, solange keine Updates durchzuführen, bis das Problem mit dem Fehler-Code **800705B4** behoben wurde. Geräte, auf welchen das Update bereits durchgeführt wurde und Probleme auftraten, konnten teilweise nicht mehr vollumfänglich benutzt werden. Microsoft bot den Betroffenen an, das fehlerhafte Gerät umtauschen zu lassen. Ein Microsoft-Mitarbeiter veröffentlichte kurz darauf einen Workaround für das *Omnia 7*, mit dessen Hilfe einige Geräte wieder zum Laufen gebracht werden konnten. Da dieser Workaround allerdings nicht offiziell von Microsoft kommuniziert wird, geschieht die Durchführung auf eigene Gefahr.

Durch die Probleme mit dem Vorbereitungs-Update verzögerte sich die für Ende Februar geplante Auslieferung des *NoDo-Updates*. Ein überarbeitetes Update, welches Anfang März ausgeliefert wurde, sorgte auf den *Samsung Omnia 7* weiterhin für Probleme.

Modifikationen

Freischaltcodes

Diagnosemodus

Bereits kurze Zeit nach der Auslieferung der ersten Geräte wurde bekannt, dass man mittels Anrufen einer bestimmten Netznummer einen *Diagnose Modus* starten kann. Über diesen Modus sind erweiterte Einstellungen möglich, welche Zugriffe auf das System zulassen, die so von Microsoft nicht angedacht waren. Solche Programme werden von Herstellern oftmals während der Entwicklungsphase zum Testen des Gerätes eingebaut und vor der Produktion wieder entfernt. Unklar ist, ob in diesem Fall von Samsung das Entfernen absichtlich vergessen wurde, um einigen der Restriktionen von Windows Phone 7 entgegenzuwirken.

Tethering

Die wohl mit Abstand wichtigste Funktion, welche sich über Telefoncodes aktivieren lässt, ist das Tethering (engl. Anbinden). Tethering bezeichnet die Verbindung eines Smartphones mit einem PC oder Notebook, um diesem eine Internetverbindung über das Funknetz (beispielsweise UMTS oder HSPA) zu ermöglichen. Das Mobiltelefon übernimmt damit die Rolle eines Modems. Tethering wird von Windows Phone 7, im Gegensatz zum Vorgänger Windows Mobile, vorerst von Haus aus nicht unterstützt.

Auf der Internetplattform *Areamobile.de* wurde eine Anleitung veröffentlicht, wie sich Tethering auf dem *Samsung Omnia 7* und dem LG Optimus 7 aktivieren lässt.

Anzeigen der MAC-Adresse

Zur Konfigurationen von Netzwerk-Komponenten wird oftmals die fixe MAC-Adresse eines Gerätes benötigt. Windows Phone 7 verfügt im Auslieferungszustand über keine Möglichkeit, diese Adresse anzuzeigen. Erst mit dem Update "NoDo" (Version 7.0.7390.0) wird unter den Einstellungen die MAC-Adresse angezeigt. Bei den älteren Versionen kann der Besitzer eines *Samsung Omnia 7* durch die Verwendung von *Telefoncodes* die Adresse erhalten. In dem auf Smartphone spezialisierten User-Forum *PocketPC.ch* wurde eine entsprechende Anleitung veröffentlicht.

Diagnosefunktionen

Neben der Aktivierung von Tethering und dem Anzeigen der MAC-Adresse ist es zudem möglich, mehrere Systemtests durchzuführen um Hardwarekomponenten auf ihre korrekte Funktion hin zu überprüfen. Zu den unterstützten Tests zählen unter anderem eine Multitouch-Diagnose, eine LCD-Diagnose inklusive Kompass und Helligkeit, ein Test des Akkumulators und weitere. Eine Übersicht über alle Diagnosemöglichkeiten und eine Auflistung der zugehörigen Codes finden sich in dem Smartphone-Forum *PocketPC.ch*.

Rezensionen

In den weltweiten Rezensionen wurde insbesondere das – herkömmlichen LC-Displays deutlich überlegene – Super-AMOLED-Display des *Samsung Omnia 7* gelobt. Auch die Verarbeitungsqualität des in einem Metallgehäuse eingefassten Smartphones wurde häufig positiv hervorgehoben sowie die überdurchschnittliche Akkukapazität von 1500 mAh. Kritik wurde hauptsächlich bei dem mit 8 GB, gegenüber Konkurrenten wie dem iPhone, unterdimensionierten Speicherplatz geäußert. Die übrige Kritik betraf hauptsächlich das Betriebssystem Windows Phone 7, da dieses in seiner ersten Version noch manche Funktionen vermissen lässt, welche bei anderen mobilen Betriebssystemen bereits zum Standard gehören. In Fachmagazinen gilt das *Samsung Omnia 7* als die beste Wahl unter den Geräten der ersten Generation von *Windows Phones*.

In den folgenden Kritikausschnitten wird nur auf das Gerät selbst, jedoch nicht auf das Betriebssystem Windows Phone 7 eingegangen. Dieses wird in einem separatem Artikel behandelt.

„Das Samsung Omnia 7 ist der neue Star unter den Windows Phones. Die Hardware steht nicht nur auf einer Stufe mit dem Display-Boliden HTC HD7, sondern ist in entscheidenden Punkten sogar noch etwas besser. Dazu gehört vor allem der Akku, der das Handy bei normaler Nutzung locker 2 Tage am Leben hält. Hinzu kommt das viel farbintensivere Super-AMOLED-Display, das kaum kleiner ist, als beim HTC-Gerät. Einen Preisaufschlag verlangt Samsung dafür nicht. Im Gegenteil: […] Das Omnia 7 ist […] sogar noch etwas billiger, als das HD7. Da fällt die Entscheidung nicht schwer. Endwertung: 92%"

– *Areamobile.de*

„Das überzeugende Merkmal des Omnia 7 im Vergleich zur Windows-Phone-Konkurrenz ist sein tolles Super-AMOLED-Display. Auch Kamera und Lautsprecher sammeln Pluspunkte gegenüber den Marktbegleitern. Das Design hingegen ist Geschmackssache, und die übrige Ausstattung unterscheidet sich nicht großartig vom Wettbewerb. Wer sich für ein Windows Phone interessiert, kann beim Samsung bedenkenlos zuschlagen."

– *cnet.de*

„Hardwareseitig gibt es wenig zu bemängeln: Superschneller Prozessor, tolle Akustik, spitzenmäßiges Display – etwas Besseres gibt es derzeit bei einem Windows Phone 7 Gerät nicht – [und] überdurchschnittliche Akku-Leistung. Die 5-Megapixel-Kamera ist gut, wenngleich die Ergebnisse nicht ganz den Erwartungen entsprechen, und bei einer fixen Speichergröße von 8 GB kann es schon ab und an eng werden. Die Schattenseiten sind überschaubar und betreffen mehr das Betriebssystem als die herstellerseitige Leistung. Endwertung: 5,6 von 6"

– *Tarifagent.com*

„In the case of the Omnia 7, Samsung's one-of-a-kind 4" SuperAMOLED is a major incentive […]. There are some good LCDs around but they don't quite match the vivid picture and superior black levels of the SuperAMOLED tech. […] Samsung deserves a pat on the back for the metal Wave-style body and the excellent 5MP camera too. To summarize the review in one sentence – the hardware is perfect."

„Im Falle des Omnia 7 ist das einzigartige SuperAMOLED-Display ein sehr wichtiger Anreiz. […] Es gibt einige gute LC-Displays, diese erreichen jedoch niemals solch lebendige Farben oder einen solch überzeugenden Schwarzwert wie SuperAMOLED-Displays. […] Ein Lob verdient Samsung für das Metallgehäuse und die exzellente 5 Megapixel Kamera. Das komplette Review in einem Satz zusammengefasst – Die Hardware ist perfekt."

– *GSMarena.com*

Von „http://de.wikipedia.org/wiki/Samsung_Omnia_7"